Dänemark

Sønderburg

Flensburg

SCHLESWIG-HOLSTEIN

OSTSEE

Schleswig

Kieler Bucht

Husum

Eckernförde

Kiel

Büll

Rendsburg

Heide

Nord-Ostsee-Kanal

Büsum

Büsum, altes
Molenfeuer

Neumünster

Neustadt

Scharbeutz

Timmendorfer
Strand

Itzehoe

Bad Bramstedt

Bad Segeberg

Lübeck

Brunsbüttel

Elbe

Bad Oldesloe

tenbruch

Glückstadt

Elmshorn

Pinneberg

Hamburg

Mölln

Stade

Reinbek

-F.
e

Bremervörde

Geesthacht

Lauenburg

en

Buchholz

Winsen

Lüneburg

Edition Maritim

LEUCHTTÜRME
AN DER DEUTSCHEN
NORDSEEKÜSTE

Birgit Toussaint

Frank Toussaint

Matthias Hünsch

Edition Maritim

Bibliografische Information der Deutschen Nationalbibliothek
Die Deutsche Nationalbibliothek verzeichnet diese Publikation in der
Deutschen Nationalbibliografie; detaillierte bibliografische Daten
sind im Internet über
http://dnb.d-nb.de abrufbar

1. Auflage
ISBN 978-3-89225-606-9
© 2009 Edition Maritim GmbH
Raboisen 8, 20095 Hamburg

Umschlaggestaltung: Buchholz/Hinsch/Hensinger, Hamburg
Karte: PlanStelle Jens Rademacher, Hamburg
Lithografie: scanlitho.teams GmbH, Bielefeld
Druck und Bindearbeiten: DZA Druckerei zu Altenburg GmbH

Printed in Germany 2009

Vertrieb: Delius Klasing Verlag, Siekerwall 21,
33602 Bielefeld
Tel.: 0521 / 5590, Fax: 0521 / 559115
E-Mail: info@delius-klasing.de
www.delius-klasing.de

INHALT

EMDEN | WESTMOLE

Die Stadt Emden begann schon früh, das Fahrwasser der Ems zu sichern. Man legte hölzerne Tonnen aus, stellte Baken auf und errichtete 1576 am Ort des Borkumer Kirchturms einen 41 Meter hohen Turm, den heutigen Alten Leuchtturm. Alle diese Seezeichen dienten der Orientierung bei Tage. Erst 1780 leitete das erste Leuchtfeuer dieser Region die Schiffe auch bei Nacht.

Wer mit dem Schiff den Hafen von Emden verlässt, dem fällt augenblicklich der kleine rote Leuchtturm am Ende der Emder Westmole auf. Der 1913 gebaute Metallturm steht auf einem Sockel aus Sandstein. 1944 wurde er genau wie damals der Turm auf der Ostmole für einige Jahre abgebaut. Die Marine strebte ein freies Schussfeld an. Außerdem sollten feindliche Flugzeuge durch ihn keine Navigationshilfe erhalten. Erst 1946 kamen beide Türme an ihren alten Standort zurück.
Der kleine Leuchtturm gilt als eines der Wahrzeichen von Emden. Leider ist er für die Öffentlichkeit nicht zugänglich. Ein Autohersteller hat die nahen Kaianlagen als Verladehafen eingezäunt und damit den Zugang zur Mole und zum Turm für die Öffentlichkeit abgeschnitten.

Die Laterne des Molenfeuers wurde 1982 ausgetauscht und in die Innenstadt versetzt.

Das Präzisionssektorenfeuer in der Laterne, das das Emsfahrwasser markiert, arbeitet optisch ähnlich einem Diaprojektor: Ein ununterbrochenes Licht wird nur in den schmalen befahrbaren Bereich projiziert.

Die Eisenfachwerk-Konstruktion gibt dem Bau trotz der Höhe ein relativ geringes Gewicht bei hoher Stabilität (rechte Seite).

Wer die 320 Stufen zum Leuchtturm Campen erklommen hat und die herrliche Aussicht über das Wattenmeer genießt, befindet sich auf dem höchsten Leuchtturm Deutschlands. Die enorme Höhe von 65 Metern war erforderlich, um mit der so erzielten großen Reichweite einen besonders langen geraden Abschnitt des Fahrwassers durch ein Leitfeuer zu kennzeichnen. An ihm orientieren sich die Schiffe, die in die Ems einsteuern, auf ihrem Weg vom offenen Meer an Borkum vorbei bis in die Nähe des ostfriesischen Festlandes. Der Turm verfügt aber noch über weitere Superlative. Er trägt das älteste elektrische Feuer Deutschlands. Am 1. Oktober 1891 nahm er zusammen mit dem Kleinen Leuchtturm auf Borkum (Elektrischer Leuchtturm) den Betrieb auf. Beide Türme hatten ursprünglich Dampfmaschinen, die über Generatoren die nötige Elektrizität erzeugten, denn ein öffentliches Stromnetz gab es damals natürlich noch nicht. Später ersetzten Dieselmotoren die Dampfmaschinen. Der 1906 gebaute MAN-Motor von Campen wird jährlich zum Tag des offenen Denkmals in Betrieb genommen. Die 20 PS starke Anlage befindet sich im Maschinenhaus gleich neben dem Leuchtturm. Besucher können hier den weltweit ältesten betriebsfähigen Dieselmotor an seinem ursprünglichen Einsatzort bestaunen. Durch alle diese Einrichtungen war die Anlage so umfangreich geworden, dass sie den Namen „Leuchtfeueranstalt" bekam. Erst 1932 erfolgte der Anschluss an das allgemeine Stromnetz. Ein Notstromaggregat mit Dieselmotor ist jedoch weiterhin vor Ort.

Die Elektrizität der Generatoren betrieb eine elektrische Bogenlampe. Sie bestand aus zwei gut bleistiftdicken Kohlestiften, zwischen denen sich, wenn Spannung anlag, ein kurzer, aber gleißend heller Lichtbogen spannte. Wegen des gelblichen Lichtes erhielt das Feuer den Namen „Mond von Campen". 1930 leuchtete erstmals in der Laterne des Campener Leuchtturms eine Glühlampe. Sie leistete 2000 Watt bei 30 Volt Spannung. 1976 folgte der Einbau eines modernen Präzisionssektoren-Leitfeuers. Die Lichtquelle heute ist wieder eine Bogenlampe, deren moderne Form allerdings wenig mit den alten Kohlebogenlampen gemeinsam hat. Mit einer Lichtstärke, die rund 3000 Autoscheinwerfern entspricht, erreicht das Feuer eine Nenntragweite von 30 Seemeilen, die größte aller deutschen Leuchtfeuer. Ein so hohes Bauwerk auf dem weichen, wenig tragfähigen Untergrund direkt hinter dem Deich zu errichten, stellte keine einfache Aufgabe dar. Man entschied sich für den Bau eines stabilen Gitterturms aus Eisen, der für seine Höhe ein relativ geringes Gewicht aufweist. Mit dieser Fachwerkkonstruktion erinnert er nicht nur ein wenig an den Eiffelturm, er ist auch zur gleichen Zeit entstanden wie sein berühmter Pariser Verwandter.

PILSUM | DER OTTO-LEUCHTTURM

Zum Konzept der Befeuerung der Ems gehörten gemäß der Vereinbarung von 1884 zwischen Deutschland und den Niederlanden insgesamt sieben Feuer. Dazu zählte neben den elektrischen Leuchtfeuern von Borkum und Campen auch das Petroleumfeuer im Pilsumer Leuchtturm, das Mitte 1890 den Probebetrieb aufnahm und seit dem 1. Oktober 1891 regelmäßig seinen Dienst versah. Der kleine, heute rot-gelb gestreifte Turm von Pilsum diente nur eine kurze Zeit als Seezeichen. Während des Krieges 1915 gelöscht, erfuhr er nach dessen Beendigung keine Neuzündung. Mit der starken Verlagerung des Fahrwassers nach Norden verloren der Turm und sein Leuchtfeuerwärter ihren Aufgabenbereich.

Viele Jahre blieb der damals rote Turm ungenutzt an seinem Ort stehen, bis ihn das Wasser- und Schifffahrtsamt 1962 an das Niedersächsische Bauamt für Küstenschutz abtrat, das hier für den Deich verantwortlich war. Zehn Jahre später erhielt er seinen rotgelben Anstrich.

Erst 1998 gelangte der Turm in die Obhut der Deichacht Krummhörn, die ihn noch heute betreut. Damit begann für ihn eine dritte Karriere als Markenzeichen der Region in der Öffentlichkeit. Regelmäßige Besuchszeiten ermöglichen eine Besichtigung, und seit Mai 2004 können Brautpaare sich im Turm vermählen lassen.

Der alte Leuchtturm von Borkum ist nicht nur das älteste Gebäude der Insel. Sein Standort weist eine Kirchengeschichte auf, die bis ins Mittelalter zurückführt. Das Anfang des 14. Jahrhunderts erste hier erbaute Gotteshaus würde man heute nach seinen Ausmaßen eher als Kapelle denn als Kirche bezeichnen. Die Sturmfluten der folgenden Jahrzehnte hinterließen von ihm nur Ruinen, auf denen etwa um 1450 eine weitere Kirche entstand. Ihr folgte Anfang des 17. Jahrhunderts eine dritte, die um 1720 eine erhebliche Erweiterung erfuhr. Die Insulaner versahen sie unter anderem mit einem Zaun aus Kieferknochen erlegter Wale und

gaben ihr den Namen Walfängerkirche.

Mit dem Ende des Walfangs ging auch der Reichtum der Inselbewohner zurück. Die Walfängerkirche verfiel, und 1804 begann der Neubau einer weiteren Kirche, der sogenannten Strandungskirche – ein Name, der darauf zurückgeht, dass ihr Bau sich auch aus den Einnahmen von Strandgut finanzierte.

Der Kirchturm selbst, über die Jahrhunderte erhalten geblieben, diente den Seefahrern stets als Landmarke. 1576 hatten die Emder ihn auf 41 Meter erhöht. 1817 entschlossen sie sich, auf seiner Spitze ein Leuchtfeuer zu errich-

Die Laternen, die der alte Leuchtturm im 19. Jahrhundert trug, sind nicht mehr vorhanden.

DER ALTE LEUCHTTURM BORKUM

Borkum-Leuchtthurm.
(I.Theil, № 131.)

Die Walfängerinsel Borkum hat den alten Leuchtturm in ihrem Wappen.

Auszug aus der Dienstanweisung der Königlich Großbritannisch-Hannoverschen General-Direction des Wasserbaues

DIENST-INSTRUCTION FÜR DIE, BEI DER SEE=BELEUCHTUNG AUF DER INSEL BORKUM ANGESTELLTEN, LAMPEN=WÄRTER

Den bei dem Leuchtthurme angestellten beiden Lampenwärtern, wird hiermit nachfolgende Dienst=Instruction ertheilt, deren Vorschriften sie gewissenhaft und pünktlich zu befolgen haben.

§. 1.
Beide Lampenwärter müssen die Seebeleuchtung auf dem Thurme jede Nacht gemeinschaftlich in möglichster Vollkommenheit und Klarheit unterhalten. Sie haben sich deshalb eine halbe Stunden vor Sonnen=Untergang auf den Thurm zu begeben, die, vorher gehörig gereinigten und mit Öhl gefüllten, Lampen sämmtlich, eine Viertelstunde vor Sonnen=Untergang, anzuzünden und bis zum Aufgange der Sonne brennend zu erhalten.

§. 2.
Beide Lampenwärter müssen zu gegenseitiger Unterstützung während der im §.1. bestimmten Zeit ununterbrochen auf dem Leuchtthurme gegenwärtig seyn. Inzwischen haben sie die Wartung der Lampen dergestalt unter sich zu theilen, daß abwechselnd einer von ihnen, die halbe Nacht ruhen kann. Der von ihnen aber den Dienst nicht hat, darf demungeachtet während seiner Ruhezeit sich nicht aus dem Leuchtthurme entfernen. …

§. 3.
Die Seebeleuchtung muß während der ganzen Nacht, vom Sonnen=Unter= bis zum Sonnen=Aufgange, ununterbrochen und untadelhaft von den Lampenwärtern unterhalten werden. Die Flammen dürfen nicht zu groß seyn, damit nicht die Gläser zerspringen, zu welchem Ende auch die Flammen anfänglich nur schwach angesetzt werden müssen, damit die Gläser allmählig erwärmet werden …

ten, das gut 10 km weit auf die See hinausstrahlte.

Die Kirchenglocken durften bis 1857 an ihrem Platz bleiben. Im Rahmen eines größeren Umbaus wurden sie entfernt und das Leuchtfeuer zur Verbesserung seiner Tragweite mit einer großen Glasoptik ausgerüstet.

Am 14. Februar 1879 brach abends auf dem alten Turm Feuer aus. Brennende Balken und schließlich die riesige Kupferlaterne und die teure Optik stürzten in die Tiefe. Ein Rohr des alten Torfofens war unbemerkt durchgerostet. So konnten Funken die Holzkonstruktion im Inneren entzünden. Als die

unten am Turmfuß gelagerten 40 Zentner Rüböl auch noch Feuer fingen, brannte das ganze Gebäude wie eine riesige Fackel.

Heute ist das Innere des Leuchtturms liebevoll als Museum wieder eingerichtet. Seit 1981 ist der Heimatverein Borkum Eigentümer des Turmes und lädt interessierte Besucher regelmäßig zur Teestunde in die alten Mauern ein. Außerdem ermöglicht das Borkumer Standesamt, sich hier trauen zu lassen.

Trauungen und gemütliche Teerunden finden regelmäßig im ehemaligen Aufenthaltsraum der Leuchtfeuerwärter statt.

DER GROSSE LEUCHTTURM VON BORKUM

Ein eiserner Beschlag ziert die Eingangstür des Großen Leuchtturms von Borkum (oben).

Die Laterne des Turms ist von einem Vogelschutzgitter umgeben (unten).

Die Emsschiffer hatten Glück im Unglück. Als der alte Leuchtturm ausbrannte, hatten die Planungen für ein neues, höheres Bauwerk längst begonnen. Das ermöglichte es, den neuen Borkumer Leuchtturm in wahrhafter Rekordzeit zu erstellen. Schon am 1. Mai 1879 erfolgte die Grundsteinlegung, und nach viereinhalb Monaten war der Rohbau fertiggestellt. Das Richtfest mit Konzert, Fackeln und Feuerwerk fand am 20. September auf Borkum statt, und bereits am 1. November meldeten die Bekanntmachungen für Seefahrer: „Der neue Leuchtthurm auf Borkum ist fertiggestellt und wird ... vom 15. d.M. an ein weißes Feuer erster Ordnung zeigen, welches von 2 zu 2 Minuten von einem hellen Schein unterbrochen wird, dem eine Verdunklung vorhergeht und folgt."

In der Zwischenzeit hatten die Maurer für den 60 Meter hohen Turm rund eineinhalb Millionen Ziegelsteine zu einem Preis von 263 203,26 Mark verbaut. Absprachegemäß übernahmen die Niederlande ein Drittel der Summe. Eine Pferdebahn, Vorläufer der heutigen Inselbahn, war für den Transport des Baumaterials eingerichtet worden. Sie führte vom Anleger nahe der Fischerbalje bis zum Bauplatz beim Herrenbadstrand.

Das Licht des Turmes bündelt ein riesiges Drehlinsensystem, das seit 1908 Gruppen von zwei Blitzen über das Meer schickt. In seiner Mitte brannte bis 1925 eine Öllampe. Das nötige Mineralöl, zuerst aus bitumenhaltiger Braunkohle oder Schiefer („Steinöl") gewonnen, wurde später aus amerikanischem Petroleum destilliert. Letzteres brachten sicherheitshalber Segelschiffe über den Atlantik. Der Transport mit Dampfschiffen schien aufgrund der Hitze und des Funkenflugs an Bord zu gefährlich.

Nach der Elektrifizierung strahlten bis 2002 im Turm Glühlampen, zunächst mit einer Leistung von 1000 Watt. Heute erzeugt eine sparsame Metalldampflampe das Licht, die nur noch 400 Watt leistet.

Wer in der Nacht vor dem Großen Borkumer Leuchtturm steht, ist vielleicht überrascht, dass dieser auf etwa halber Höhe zusätzlich ein zweites Leuchtfeuer zeigt. Es handelt sich um ein sogenanntes Quermarkenfeuer, das den Schiffen den richtigen Punkt für eine Kursänderung angibt, wenn sie in die Ems einsteuern.

Regelmäßige Öffnungszeiten bieten die Gelegenheit, bei guter Kondition den Turm zu erklimmen. Mit seiner relativ großen Höhe von 60 Metern ermöglicht er einen herrlichen Rundblick auf die west- und die ostfriesischen Inseln.

Die an der Spitze des nach Südwesten führenden Leitdammes stehende Leuchtbake Fischerbalje passieren alle Schiffe beim Erreichen der Insel.

Etwas weiter südlich als der Große Borkumer Leuchtturm steht der sogenannte Kleine Leuchtturm. Als Feuerträger seit 2003 außer Dienst gestellt, ist er weiterhin als Antennenträger für die Radarkette von Nutzen.

Zusammen mit dem Feuer von Campen war der Turm der erste elektrisch betriebene Leuchtturm Deutschlands. Die Borkumer nannten ihn daher auch den „Elektrischen Leuchtturm". Ebenso wie in Campen erzeugten zunächst Dampfgeneratoren den Strom, die in jeder Nacht eine Viertel Tonne Kohlen benötigten. Erst 1906 kamen Dieselgeneratoren zum Einsatz.

Die alte Quermarke Borkum Düne wird von den Einheimischen auch als „Kuckuckssturm" bezeichnet.

DIE LEUCHTTÜRME VON BORKUM

DER LEUCHTTURM AUF JUIST

Dicht südwestlich der beliebten Urlaubsinsel Juist liegt das Vogelschutzgebiet Memmert, entlang dessen das wichtige Fahrwasser der Osterems verläuft. Daher stellte man hier schon im August 1900 eine dreiseitige hölzerne Bake auf, die in den folgenden Jahren und Jahrzehnten vielfach erneuert werden musste. Etliche Male fiel sie Sturmfluten zum Opfer, aber auch Wind und Wetter setzten ihr stark zu.

1939 stand die Entscheidung fest, als Ersatz für die auf Memmert befindliche, inzwischen eiserne Leuchtgitterbake einen 15 Meter hohen, viereckigen, gemauerten Leuchtturm zu bauen. Er erhielt eine eiserne Laterne mit einem grünen Dach. Sein Sektorenfeuer ermöglichte nun auch nachts die Schifffahrt im östlichen Arm der Emsmündung.

Im Laufe der Zeit verlagerte sich das Fahrwasser immer näher an die Insel Memmert. Außerdem verlor die Insel im Westteil Land. Durch den starken Landverlust stand der Turm schließlich allein im Watt,

Der Backsteinturm des Leuchtfeuers war eines der wenigen Bauwerke auf der Vogelinsel Memmert.

vollkommen von der Insel getrennt. Er war nur noch bei Ebbe trockenen Fußes erreichbar. Gleichzeitig nahm seine nautische Bedeutung durch die stete Fahrrinnenveränderung ab. Im Juli 1986 erfolgte die Löschung seines Feuers und noch im gleichen Jahr der Abbau des Laternenhauses und der Optik. Beides erhielt die Inselgemeinde Juist.

Die Bewohner der Insel Juist entschlossen sich, der Laterne einen touristischen Ehrenplatz zu geben. Direkt am Juister Hafen sollte sie einen neu zu bauenden Leuchtturm krönen. 1992 fand die Grundsteinlegung zur Errichtung des runden, roten Backsteinturms als Unterbau für die Laterne und ihre Optik statt. Es entstand ein historisch-technisches Denkmal, das Besucher von Juist besteigen können, um den Blick über die Insel und das Watt zu genießen. Im Turminneren erwartet sie ein kleines Museum.

Auf der Vogelinsel Memmert war auf dem Betonfundament der alte viereckige Backsteinturm verblieben. Schon stark unterspült, stand er frei auf seinen Stahlpfählen, sodass man unter dem Turm hindurchgehen konnte. 2002 veranlasste das Wasser- und Schifffahrtsamt den Abriss. Von der zuvor geplanten Sprengung nahe der Vogelschutzinsel nahm man Abstand. Wesentlich leichter und preiswerter ließen sich Turm und Fundament mithilfe eines Schwimmbaggers beseitigen.

Mitte des 19. Jahrhunderts bestand an der Küste Ostfrieslands eine 45 Seemeilen lange Strecke ohne Befeuerung. Auf Borkum war 1817 der Alte Leuchtturm in Betrieb gegangen, doch in östlicher Richtung folgte die nächste nächtliche Orientierungsmöglichkeit erst auf der Insel Wangerooge, die seit 1830 einen Leuchtturm besaß. Bremische Kaufleute drängten darauf, diese Lücke endlich zu schließen, da immer wieder Schiffe durch unzureichende Befeuerung verloren gingen. Aber erst im Jahre 1872 begann der Bau eines knapp 54 Meter hohen Leuchtturms ungefähr in der Mitte der Insel Norderney. Den Auftrag dafür erhielt das Bauunternehmen Ernst Schumacher in Leer vom Königlichen Bau-Inspektor zu Norden. Der achteckige Backsteinturm erhob sich auf einem quadratischen, ebenfalls aus Backstein bestehenden Sockel.

Das erste Licht des Leuchtfeuers, gezündet am 1. Oktober 1874, spendete eine Petroleumlampe mit fünf ineinandersteckenden Runddochten. Sie benötigte über ein Kilogramm Brennstoff pro Stunde, rund viereinhalb Tonnen jährlich. Die Lampe befand sich in der Mitte der riesigen, heute noch vorhandenen Glasoptik, welche knapp zwei Meter im Durchmesser und fast drei Meter in der Höhe misst. Sie stammt aus Frankreich und ist eine Reparationsleistung an Deutschland als Folge des verlorenen Deutsch-Französischen Krieges von 1870/71. Die über 1000 einzelnen Glasteile und ihre Fassung wiegen rund 3,5 Tonnen.

Einer der drei Leuchtfeuerwärter musste täglich das Uhrwerk, das sie antrieb, aufziehen. Das Gewicht hing in einem Schacht in der Turmmitte und wog dreieinhalb Zentner. Da die Mechanik in der kalten Jahreszeit schwergängiger war, erhöhte man im Winter die Last um einen weiteren halben Zentner. Zu den zahlreichen Aufgaben der Leuchtfeuerwärter gehörte es, monatlich mit einem Lappen die Glasteile der 24 Linsenfelder zu reinigen, die jeweils 15 Grad des Horizonts abdecken und durch die Drehung des Linsenapparates kurze Lichtblitze in der Ferne erzeugen. Auch die 253 Stufen der Turmtreppe forderten regelmäßiges Fegen und Wischen. Bei stürmischem Wetter hielten die Leuchtfeuerwärter vom Turm Ausguck, ob sich Schiffe in Seenot befanden. Viel Zeitaufwand beanspruchte das ständige Putzen der oft stark verrußten Laternengläser, die im Winter zusätzlich eisfrei gehalten werden mussten.

Normalerweise sollen Leuchtfeuer Schiffbruch verhindern, der Norderneyer Turm bewirkte indes durch ein tragisches Missverständnis 1878 das Gegenteil. Wichtige Veränderungen im Seezeichenwesen kündigten die Behörden damals üblicherweise schon monatelang, manchmal jahrelang vorher an, denn oft führten die Reisen der Seeleute erst nach langer Zeit wieder zurück in die Heimat. Im Falle von Norderney begann der Bau des Turmes 1872, jedoch erst kurz vor der Zündung erfolgte im August 1874 dessen offizielle Bekanntgabe. Zuvor hatten sich bereits

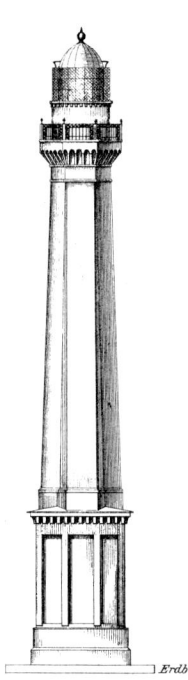

Eine Darstellung des Leuchtfeuers von Norderney aus einem Leuchtfeuerverzeichnis des Jahres 1878.

Norderney-Leuchtthurm.
(I.Theil, No 127.)

viele Kapitäne über den neuen Turm gewundert, und mancher war irritiert. Noch vier Jahre später, im September 1878, strandete der Frachter „Argyra" auf der Reise von Buenos Aires nach Hamburg, weil der Kapitän keine Kenntnis vom Turm auf Norderney besaß. Er hielt das Blitzfeuer für dasjenige von Helgoland. Folglich ließ er das Norderneyer Feuer links an seiner Backbordseite und strandete mit seinem Schiff auf der Insel Juist.

Eine besondere Tragik ergab sich dadurch, dass der englische Kapitän plante, sich nach dieser Fahrt zur Ruhe zu setzen. Noch ein letztes Mal nahm er seine Familie mit auf Reisen. Er hatte sie auf seinem Rückweg von Südamerika mit Zielhafen Hamburg im englischen Kanal an Bord genommen. Der älteste Sohn fuhr als Steuermann mit und sollte das Schiff später übernehmen.

Nach der nächtlichen Strandung entschied die Familie unglücklicherweise, nicht beim Schiff zu bleiben, um auf Rettung zu warten. Stattdessen versuchten der älteste Sohn und ein Matrose, mit einem Beiboot Mutter und Geschwister an den sicheren Juister Strand zu bringen. Das Boot schlug voll Wasser, und der an Bord gebliebene Kapitän verlor Frau, Sohn und zwei Töchter. Die Beisetzung der Toten, soweit das Meer sie wieder hergab, fand später auf dem Friedhof von Norderney statt. Im Oktober des folgenden Jahres wurde die Restladung von rund 2000 Büffelhäuten für 100 Mark versteigert.

2004/2005 sanierte das Wasser- und Schifffahrtsamt den Leuchtturm von Norderney grundlegend. Große Teile des Mauerwerks, geschädigt durch die Witterungseinflüsse, waren erneuerungsbedürftig. Auch die Technik erfuhr in der Vergangenheit mehrfach Modernisierungen. Als Lichtquelle diente ab 1930 eine 1000-Watt-Glühlampe, die inzwischen einer effizienteren Gasentladungslampe von 400 Watt gewichen ist. Seit 1981 erfolgt die Fernsteuerung des Turms von Emden aus. Der riesige Drehlinsenapparat aus dem Jahr 1874 ist noch in Betrieb, jedoch übernahm 1959 ein Elektromotor die Aufgabe des Uhrwerks.

Wer den alten Backsteinturm besteigt, sollte nicht versäumen, einen Blick auf die Optik mit den 24 Linsenfeldern zu werfen. Jedes vierte von ihnen ist abgedeckt, sodass der Turm Gruppen von drei Blitzen über das Meer sendet.

Der beeindruckende Linsenapparat wurde in Paris von Sautter, Lemonnier & Cie. hergestellt.

Die meisten Schiffe, deren Zielhäfen in Weser oder Jade liegen, fahren von Westen in die Deutsche Bucht. Etwa auf Höhe von Wangerooge müssen sie die offene See verlassen und sich weiter südlich halten. Hier beginnen die Untiefen von Außenweser und Außenjade, die besonders für Ortsfremde gefährlich sind. Immer wieder drängten daher vor allem bremische Kaufleute, auf Wangerooge Seezeichen zu errichten. Deshalb standen auf der Insel schon vor vielen hundert Jahren Landmarken, lange bevor hier die Zeit der Leuchtfeuer einsetzte.

Nach schweren Sturmfluten fehlte den Wangeroogern Ende des 16. Jahrhunderts eine Kirche, den Seeleuten fehlte ein auffälliges Tagsichtzeichen. 1597 begannen im damaligen Südosten der Insel die vierjährigen Bauarbeiten für einen massiven Turm, der über 300 Jahre die Insel überragte und für Seefahrer eine wichtige Landmarke darstellte. Er erhielt ein Dach mit zwei genau in Nord-Süd-Richtung ausgerichteten Spitzen.

Im März 1624 beschloss man, in der nördlichen der beiden Turmspitzen ein Leuchtfeuer zu unterhalten. Aber schon vier Monate später bauten die Wangerooger auf den Turm eine dritte, mittlere, die beiden anderen deutlich überragende Spitze mit einer Laterne. Der jetzt rund 60 Meter hohe Turm war für sechs Jahre das erste Leuchtfeuer an der deutschen Nordseeküste. Es bewährte sich jedoch nicht, und man ersetzte es durch eine Blüse.

Das Meer spülte im Osten Wangerooges immer mehr Sand an, im Westen hingegen trug es das feine Material ab. Dadurch wanderte die Insel gewissermaßen nach Osten unter dem Westturm hindurch. Schon im 19. Jahrhundert befand er sich an ihrem Westende und trägt daher seinen Namen. 1914 sprengte das Militär das Bauwerk aus strategischen Gründen.

Keine 20 Jahre nach der Sprengung des Wahrzeichens der Insel bereute man die Entscheidung. Die Bevölkerung forderte einen Ersatz. So begann 1932 die Errichtung eines Nachbaus, aber nicht mehr in seiner Funktion als Wehrturm. Der alte Standort am heutigen Nordwestende der Insel war zunehmend durch das Meer bedroht gewesen, sodass sich der neue Standort etwa 900 Meter weiter südlich befindet. Heute ist in diesem Gebäude die Jugendherberge der Insel untergebracht, die Alt und Jung zu Übernachtungen einlädt.

Aus dem gesprengten Vorgängerturm wurde der Stein mit dem Wappen des Jeverlandes in den Neubau des Westturms übernommen.

Fig. 37. Wangeroge, 1602.

200 Jahre lang markierten offene Feuer die Insel Wangerooge. Erst 1830 vermerken die Chroniken den Bau eines Leuchtturms mit geschlossener Laterne. Da sich die Insel nach Osten verlagerte, geriet er bald dicht an die Westküste und war demzufolge den Sturmfluten schutzlos ausgesetzt. Die Neujahrsflut 1855 und Fluten der nachfolgenden Jahre verwüsteten große Teile Wangerooges, und drei Viertel ihrer Bewohner siedelten auf das Festland über. Sogleich begannen die Planungen für einen neuen Leuchtturm, der am 1. Oktober 1856 seinen Betrieb aufnahm. Damals stand er einsam und als einziges Gebäude im Ostteil der Insel, heute befindet er sich in der Stadtmitte.

Bereits in den 1920er-Jahren drohten die umliegenden Gebäude, überwiegend Hotels des Seebades, das Leuchtfeuer zu verdecken. Daher erfolgte im Sommer 1925 eine Erhöhung des Turms von 30 auf 39 Meter.

Beim Ausbau der Jadebefeuerung für große Tankschiffe, die ihre Ladung beim Tiefwasserhafen Wilhelmshavens löschen sollten, zeigte sich die Höhe des alten Turms von Wangerooge erneut als unzureichend. Außerdem schien der Turm für die schweren Radaranlagen nicht robust genug. So entstand der Neubau eines Seefeuers am Westende der Insel. Am 16. Juli 1969 meldeten die Nachrichten für Seefahrer „Altes Wangerooge-Feuer gelöscht".

Mit dem Ende der Nutzung als Feuerträger begann für den

Der alte Leuchtturm von Wangerooge im Jahre 1878 (unten).

Eine Darstellung des alten Turmes vor der Erhöhung um 9 Meter (unten rechts).

Leuchtturm ein ganz neuer Abschnitt seines Daseins. Obwohl zu
jener Zeit maritimer Denkmalschutz fast an keinem Ort hoch im
Kurs stand, setzten sich einige Insulaner für ihren Turm ein. Alle Inselbewohner sollten sich mit ihrer
Unterschrift für eine Übernahme
des Bauwerks aussprechen.
Schließlich kaufte die Gemeinde
1971 das Gebäude für den symbo-
lischen Preis von 1,- DM vom Ver-
kehrsministerium, das Grundstück
musste sie extra bezahlen. Schon
im folgenden Jahr genossen die
ersten Touristen von der Galerie
aus die herrliche Aussicht. Seit
Mai 1980 ist im Turm das Heimat-
museum untergebracht, und 1996
vermählten sich auf dem Leuchtturm die ersten Brautpaare.

WANGEROOGE | SEEFEUER

Der jüngste Leuchtturm Wangerooges zeigt in 60 Metern Höhe als einziges Seefeuer an deutschen Küsten farbige Blitze. Wer nachts unter dem Turm steht, sieht nicht nur die roten Strahlen alle fünf Sekunden über das Meer streichen. Auch die farbigen Feuer, die aus den Fenstern der Arbeitsplattform leuchten, faszinieren. In 24 Metern Höhe dienen sie der Einsteuerung in die Jade und als Warnfeuer. Das Drehfeuer oben im Turmkopf besteht aus zwei übereinander angeordneten 1600-Watt-Lampen. Jede von ihnen ist dreiseitig von rotierenden Linsen mit 65 cm Durchmesser und roten Filtern umgeben. Das so verstärkte Licht erreicht eine Nenntragweite von 23 Seemeilen. Im Glaskolben der Speziallampen entsteht zwischen zwei Wolfram-Elektroden in einer Hochdruck-Xenonatmosphäre von 10 Bar ein kleiner, aber besonders heller Lichtbogen.

Wer die Stufen des 1968 erbauten Turmes erklommen hat, befindet sich auf einem der höchsten Leuchttürme der Nordseeküste.

Der Leuchtturm Mellumplate steht weit draußen in der Jademündung. Sein Leitfeuer führt die Supertanker auf dem Weg zur Wilhelmshavener Ölpier. Im August 1939 begann der Bau des kombinierten Flak- und Leuchtturms auf der Mellumplate. Von hier aus konnten feindliche Bomberverbände im Anflug auf die Wilhelmshavener Marinehäfen nicht nur frühzeitig erkannt, sondern auch gleich unter Beschuss genommen werden. Daher bietet das Turminnere Platz für zahlreiche Soldaten.

Fast 2 Millionen Reichsmark verschlangen die schwierigen Bauarbeiten an dem zunächst mit Mauerwerk, 1968 dann mit roten und weißen Aluminiumplatten verkleideten Stahlbetonturm. Nach der Fertigstellung 1942 besetzte eine 40 Mann starke Flakeinheit den Turm. Erst ab Herbst 1945 begann seine friedliche Verwendung, und fortan diente er ausschließlich als Leuchtturm. In die früheren Soldatenunterkünfte zogen nun Leuchtfeuerwärter ein, bis 1968/69 die Automatisierung erfolgte. Wenige Jahre später montierte man ein neues Laternenhaus und die Hubschrauber-Plattform.

Zunächst zeigte Mellumplate in 15 verschiedenen Richtungen, Sektoren genannt, unterschiedliche Lichtsignale. Seit 1998 sind bis auf fünf für das Leitfeuer der Jade-Ansteuerung, das Wangerooger Fahrwasser, alle abgebaut. Dieses verbliebene Feuer soll weiterhin den „dicken Pötten" das Anlaufen der Jade-Häfen bei Nacht erleichtern.

Am Ausgang des Jadebusens befindet sich das 41 Meter hohe Oberfeuer Eckwarden (links).

Große Tankschiffe orientieren sich am Oberfeuer Voslapp, das direkt am Badestrand von Wilhelmshaven steht (rechts).

Das ehemalige Unter- und Quermarkenfeuer Schillig ist von einem direkt am Ufer der Jade gelegenen Campingplatz umgeben (links).

Am Westufer der Halbinsel Butjadingen befindet sich das Oberfeuer Tossens (rechts).

Mitten im Jadebusen lag bis 1905 die kleine Insel Arngast, dann wurde sie von einer Sturmflut überspült. Auf der Seekarte erinnert nur noch ein dort verzeichnetes, gleichnamiges Wattenhoch an sie. Genau an diesem Ort entstand 1909 einer der Klassiker deutscher Leuchttürme, der 37 Meter hohe Eisenturm Arngast. Er sollte vor allem der Schifffahrt zum größten und wichtigsten Nordseehafen des deutschen Kaisers Wilhelm dienen: Wilhelmshaven.

Mit einer schwimmenden Dampframme trieb man 112 Holzpfähle von je 7,6 Metern Länge und 30 cm Durchmesser in den Wattboden, umgab sie mit einem riesigen Stahlkasten und füllte diesen mit Beton. Es folgte darauf die Errichtung eines Turms aus verschraubten gusseisernen Platten. So konnten die Baukosten mit 120 000 Mark niedrig gehalten werden. Bei seiner Indienststellung im Herbst 1910 erhielt der Turm bereits elektrisches Licht in der 1,12 Meter hohen Glasoptik. Den Strom dafür erzeugten bis 1966 Dieselgeneratoren, dann erfolgte der Anschluss an das Landstromnetz. Zwei Jahre darauf verließen die Wärter den nun automatisierten Turm.

Wer den seit Anfang 2003 unter Denkmalschutz stehenden Turm besuchen möchte, fährt am besten mit einem der von Dangast und Wilhelmshaven auslaufenden Fahrgastschiffe. Für gut konditionierte Wattwanderer werden von Dangast aus auch Fußwanderungen angeboten.

WILHELMSHAVEN | MARINEMOLE

Das kleine schwarze Türmchen von Wilhelmshaven ist vielleicht der einzige Leuchtturm, der nie offiziell einen Namen bekam. Im Leuchtfeuerverzeichnis stand er nur als „Quermarke", in der maritimen Umgangssprache der Seeleute nannte man ihn „3. Einfahrt", weil sich genau hier vor vielen Jahren eine inzwischen zugeschüttete Zufahrt zu den deutschen Marinehäfen befunden hatte.

Den ursprünglichen Turm von 1910 ersetzte 1975 ein schwarzes Gerüst mit Laterne. Im Juli 2005 ging das Leuchtfeuer endgültig außer Betrieb. Das Wasser- und Schifffahrtsamt verkaufte das Türmchen zum Schrottpreis von 300 Euro. Es fand seinen neuen Standort am nahe gelegenen Hafen von Dangast.

Das Amt hatte aber die Rechnung ohne die Wilhelmshavener gemacht. Das kleine Molenfeuer war ihnen ans Herz gewachsen, einige bezeichneten es sogar als ein „Wahrzeichen" der Stadt. So begannen der Nautische Verein Wilhelmshavens und der lokale Wirtschaftsverband, gemeinsam mit engagierten Bürgern nach Ersatz zu suchen. Schließlich entstand in der Werkstatt des Amtes ein Nachbau, der im Sommer 2006 im Beisein der vielen Sponsoren, die das Unternehmen unterstützt hatten, seiner Bestimmung übergeben wurde.

Auf der Mole am Wilhelmshavener Marinehafen steht ein gelungener Nachbau (rechts) des alten Quermarkenfeuers, das 2005 auf einen Campingplatz versetzt wurde.

Die Laterne des Leuchtturms Roter Sand wurde mit einem Gasbrenner und einer Gürtellinse originalgetreu ausgerüstet.

Seinen Namen erhielt der vielleicht bekannteste deutsche Leuchtturm nach der Sandbank mit rotem Muschelkalk in der Wesermündung, auf der er gebaut wurde. Über 100 Jahre versah er seinen Dienst und zeigte den Schiffen den Weg nach Bremen, Bremerhaven und Hamburg. Für zahlreiche Auswanderer war er das Symbol ihres Abschieds, gleichzeitig ist er für heimkehrende Seeleute aus fernen Ländern das erste Erkennungszeichen ihrer Heimat.

Zur Sicherung und Markierung der Einsteuerung in die Weser forderten Seefahrer schon Mitte des 19. Jahrhunderts den Einsatz eines dritten Feuerschiffes in der Außenweser. Schwere Stürme mit besonders hohem Seegang suchten diese Seeregion oft heim. Daher fiel 1878 die Entscheidung zugunsten des Baus eines Leuchtturms. Der Grund waren neben der Befürchtung, ein Feuerschiff könne wegen der Seeverhältnisse nicht zuverlässig seine Position halten, die langfristig geringeren Kosten.

Mit dem Bau des Leuchtturms begann ein Kampf gegen die Naturgewalten. Schließlich sollte hier zum ersten Mal ein Leuchtturm im Meer auf einer Sandbank nahe der Fahrrinne errichtet werden. Man wählte für die Gründung auf dem feinen Sandboden die sogenannte Druckluft-Caisson-Technik, eine technische Neuentwicklung des 19. Jahrhunderts, erstmals eingesetzt 1841 in Frankreich. Ein riesiger, gusseiserner, an Land erbauter Senkkasten wurde 1881 auf den 10 Meter tiefen Meeresboden hinabgelassen. Er geriet jedoch ins Wanken, bekam Schlagseite und war verloren. Ein späterer Sturm zerstörte ihn gänzlich.

Erst zwei Jahre später glückte die Absenkung eines erneut in die Wesermündung geschleppten Caissons. Durch Rohre gelangten die Arbeiter in den unteren Teil des Kastens, wasserfrei gehalten nach dem Prinzip der Taucherglocke durch Überdruck, um den darunter befindlichen Sand abzubauen. Anschließend verfüllte man diesen Bereich mit Beton. Im August 1884, mit Abschluss der Gründung, konnte der Bau von Turmschaft und -kopf auf dem massiven Sockel beginnen. Am 1. November 1885 nahm die erste vierköpfige Besatzung den Turm in Betrieb. Von den vier Wärtern hatte jeweils einer Urlaub, die anderen waren für drei Monate zum Dienst auf dem Turm eingeteilt. Von ihnen hielten zwei Wache, der dritte Mann sorgte für das leibliche Wohl. Der Wachdienst umfasste verschiedene Aufgaben. Hierzu gehörten die Wartung der Leuchtfeuereinrichtung, die Betätigung der Nebelglocke bei schlechter Sicht sowie der Telegrafendienst.

Die Versorgung der Leuchtfeuerwärter mit Lebensmitteln, Frischwasser und anderen Materialien erfolgte durch den in regelmäßigen Abständen vorbeifahrenden Tonnenleger, der auch das in der Nähe befindliche Feuerschiff mit Nachschub belieferte. Nicht immer ließen Wetter und Seegang ein Anlegen am Turm zu. Mancher Dienst verlängerte sich auf diese Weise außerplanmäßig.

Leuchtturm Roter Sand

Strömung, Wellen, Sandschliff und Eis beanspruchten den Turm beträchtlich. Eine Ende der 1950er-Jahre durchgeführte Untersuchung hatte zum Ergebnis, dass der marode Sockel sowie die Fahrrinnenveränderungen eine Instandsetzung nicht sinnvoll erscheinen ließen. 1964 verlor der Rote Sand daraufhin seine wichtigsten Aufgaben an den neu erbauten Leuchtturm „Alte Weser". Der letzte Leuchtfeuerwärter ging ebenfalls 1964 an Land. Nur das Quermarkenfeuer verrichtete noch seinen Dienst bis 1986. Die Zukunft des Roten Sandes war ungewiss.

Obwohl die bauliche Unterhaltung durch das Wasser- und Schifffahrtsamt schon 1974 eingestellt worden und der Abriss bereits geplant war, gelang es 1982, den Turm unter Denkmalschutz zu stellen. Ein Jahr später gründete sich

der Förderverein „Rettet den Leuchtturm Roter Sand", der Geld zur Rettung des Turms sammelte. Im September 1987 erhielt der Turm in einer aufwendigen Aktion im Sockelbereich eine riesige mit Beton verfüllte Stahlmanschette. Damit war der alte Caisson für die nächsten Jahrzehnte stabilisiert. Nach umfangreichen Sanierungsarbeiten sind seit 1999 Besichtigungen und Übernachtungen auf diesem Bau- und Kulturdenkmal möglich.

Dabei gelangt man mit dem historischen Schlepper „Goliath" von Bremerhaven aus zu dem einsam in der Nordsee stehenden Bauwerk. Bis zu sechs Personen können im Turm übernachten. Wer den Turm nur anschauen will, kann auch von anderen Häfen der Nordseeküste mit Touristenschiffen entsprechende Ausflüge antreten.

Die Leuchtfeuerwärter wurden beim Wachwechsel in Körben vom Versorgungsschiff auf den Turm übergesetzt (oben links).

Zu ihren Aufgaben gehörte auch die Beobachtung vorbeifahrender Schiffe (oben rechts).

Aus kleinen Fenstern der Erker leuchteten viele Jahre lang mehrere Nebenfeuer (linke Seite).

ALTE WESER

Der schmale Turm-
schaft soll driftendem
Eis möglichst wenig
Angriffsfläche bieten.

In den 1960er-Jahren wurden Elbe und Weser mit Radarketten versehen, um den Schiffsverkehr auch bei schlechten Sichtverhältnissen sicher leiten zu können. Bei einer im Vorwege der Einrichtung dieser Radarkette durchgeführten Überprüfung des „Roten Sand" auf seine Eignung als Träger für schwere Radarantennen stellte man nicht nur erhebliche Schäden am Fundament des Bauwerks fest. Darüber hinaus hatte sich das Fahrwasser verlagert, sodass man sich in diesem Gebiet zu einem Leuchtturmneubau entschloss. Nicht weit vom Leuchtturm „Roter Sand" entstand von 1961 bis 1964 der neue Turm „Alte Weser", dessen Bau jedoch unter keinem guten Stern stand.

Die Stahlteile der Konstruktion fertigten die Howaldtswerke in Kiel an. Anschließend schleppte man sie auf Pontons durch den Nord-Ostsee-Kanal an ihren Bestimmungsort in der Wesermündung. Die Gründung des Bauwerks gelang aber erst beim zweiten Versuch. Beim Auspumpen des schon abgesenkten Stahlmantels presste ihn der enorme Wasserdruck plötzlich zusammen. Zwei Arbeiter, die sich unten im Caisson befanden, kamen ums Leben. Als man im August des folgenden Jahres den zweiten Versuch unternahm, war der untere Turmschaft bereits eingespült worden. Plötzlich sackte die zur Montage des nächsten Bauteils verwendete, auf Stahlträgern stehende Plattform einseitig ab. Nur mit Glück entgingen die auf ihr liegenden Turmteile dem Abrutschen ins Meer – die Arbeiten konnten fortgeführt werden. Am 1. September des Jahres 1964 ging der damals modernste Feuerträger endlich in Betrieb.

Interessanterweise sind bei diesem Leuchtfeuer nicht nur Elektrik und Lichtquelle aus Sicherheitsgründen zweimal vorhanden. Die gesamte Optik ist doppelt ausgeführt, sodass zwei Gürtellinsen übereinanderstehen. Die beiden auffallend breiten Geschosse enthalten neben der technischen Einrichtung Unterkünfte, die jedoch seit der Automatisierung des Turms 1972 nicht mehr mit Leuchtfeuerwärtern besetzt sind.

Tegeler Plate war der erste deutsche Leuchtturm im Meer, der
komplett an Land entstand. Nach
Abschluss der Arbeiten auf der
Wilhelmshavener Werft brachte
ihn ein Schwimmkran an den vor-
gesehenen Standort. Dort spülte
man das komplette Seezeichen am
14. Juli 1965 18 Meter tief in den
Sand ein, 24 Meter ragt er über den
Wasserspiegel. Seitdem markiert
der Turm die Spaltung des Fahrwassers in Alte und Neue Weser.
Bekannter als der Leuchtturm am
Nordende der Sandbank Tegeler
Plate ist die Seehundbank an ihrem
Südende, zu der von Fedderwar-
dersiel aus regelmäßig Schiffstou-
ren führen, die dabei weitere
Leuchttürme passieren.

**Der Leuchtturm Tegeler Plate dient unter
anderem als Offshore-Messstelle der Wind-
geschwindigkeit in verschiedenen Höhen
über dem Wasserspiegel.**

Die Sände von Hohe Weg bekamen ihren Namen, weil sie bei Niedrigwasser zum Teil fast drei Meter hoch trockenfallen. Zur Niedrigwasserzeit verschwinden kleine Schiffe fast in den Prielen zwischen den hohen Sandbänken. Bei Hochwasser hingegen ist für sie schwierig zu navigieren, da hier die Untiefen unter der einheitlichen Wasserfläche kaum zu erkennen sind.

Daher errichtete man bereits 1783 als Tagsichtzeichen auf dem Hohe Weg Sand nahe des Fahrwassers die „Bremer Bake", ein unbefeuertes Holzgerüst. Schon bald wurde jedoch mit wachsendem Handel und den steigenden Anforderungen an die Sicherheit auf See der Gedanke geboren, hier einen Leuchtturm im Wattenmeer zu errichten. 1824 entschied sich die Stadt Bremen, den Bau auszuführen, doch erst 30 Jahre später begannen die Arbeiten. Das hoheitsrechtlich zuständige Herzogtum Oldenburg sperrte sich vorerst gegen diese Baumaßnahme. So legte Bremen 1840 zunächst nur ein Feuerschiff nahe dieser Stelle aus.

Aufgrund seiner umfangreichen Erfahrungen durch den Bau zahlreicher Kanäle, Schleusen und Hafenanlagen und der damit verbundenen Erstellung schwerer Bauwerke auf weichem Untergrund beauftragte man den holländischen Wasserbauingenieur Johannes Jacobus van Ronzelen (1800 bis 1865) mit der komplizierten Aufgabe, einen Leuchtturm im Watt zu errichten. Der Turm sollte die unbeleuchtete Bake und das Feuerschiff ersetzen.

Der im Juni 1855 begonnene Bau erwies sich als ein schwieriges Unterfangen. Es setzte ein Wettlauf mit den Gezeiten ein. Zuerst erhielten die Bauarbeiter eine vom Hochwasser unabhängige Unterkunft, eine auf Pfählen ruhende, in die Bake hineingebaute Hütte. Die mit Schiffen herbeigeschafften Materialien lagerten in einem eigens dafür erstellten, ebenfalls auf Pfählen erbauten Lagerschuppen. Hohe Holzstege verbanden beide Pfahlbauten sowie den in Bau befindlichen Leuchtturm miteinander. Die Arbeiten am Fundament konnten nur auf trockenem Boden, also nur während Niedrigwassers, durchgeführt werden. Dies erforderte häufiges Arbeiten während der Nacht bei Fackelschein. 120 Pfähle von viereinhalb Metern Länge in den Wattboden gerammt, mit Ketten zusammengefügt und von einer achteckigen Mauer umschlossen bildeten das Fundament. Seinen unteren Teil verstärkten

von außen große Findlinge als Schutz gegen Wellenschlag und Eisgang. Sturmfluten erschwerten mehrfach den Fortschritt der Arbeit. Gerade errichtete Teile des Gebäudes erfuhren Beschädigungen und mussten erneut angefertigt werden. Ein schwerer Orkan zerstörte die Unterkunftsbaracken fast völlig. Zum Glück rettete einer der ersten damaligen Schleppdampfer die Arbeiter im letzten Augenblick. Nach Fertigstellung des Fundaments gestaltete sich der Turmaufbau einfacher. Auf den achteckigen, fünfgeschossigen Ziegelturm wurde schließlich eine zwölfeckige, verglaste Laterne mit Kupferdach gesetzt. Der Lichtschein, gebündelt durch eine 2,5 Meter hohe Gürtellinse, soll noch im 30 Kilometer entfernten Bremerhaven zu sehen gewesen sein. Sie ist heute gemeinsam mit der Nebelglocke des Turms für die Öffentlichkeit im Deutschen Schifffahrtsmuseum in Bremerhaven ausge-

Zur Unterbringung von Soldaten erhielt der Turm kurz vor dem Zweiten Weltkrieg einen Anbau (linke Seite).

Die Besatzung des Leuchtturms Hohe Weg bediente auch viele Jahre hindurch den Windsemaphor (oben). Die Zeiger des Gerätes gaben ein- und auslaufenden Schiffen Windstärke und -richtung auf Borkum und Helgoland bekannt. Inzwischen ist er auf eine Mole bei Bremerhaven versetzt (folgende Seite).

stellt. Nach 15 Monaten endete die Bauphase im Dezember 1856 mit der Zündung des Feuers „Hohe Weg".

Die Verbindung zum Festland über Telegrafenkabel erfolgte ein Jahr später.

Ab 1893 zeigte ein auf der Löschbrücke aufgebauter Semaphor den vorbeifahrenden Schiffen die Windverhältnisse an. Die 1972 außer Betrieb genommene und 1976 demontierte Anlage kann man seit 2005 an der Einfahrt zum neuen Hafen Bremerhavens bewundern.

In den 1940er-Jahren wurde die Elektrifizierung des Leuchtfeuers vorgenommen, 1960/61 baute man ihn zur Vervollständigung der Radarkette an der Außenweser zur Radarstation aus. Die dazu notwendige Stromversorgung befindet sich in dem 1938/39 erstellten zweistöckigen Anbau, einer Unterkunft, die ursprünglich für Soldaten während des Zweiten Weltkriegs gedacht war.

Die zahlreichen Versuche, das Eindringen von Feuchtigkeit durch das Mauerwerk zu verhindern, blieben leider lange erfolglos. So erhielt der unter Denkmalschutz stehende Turm 1996 einen Aluminiummantel, der ihn noch heute schützt. In den Sommermonaten besteht regelmäßig die Möglichkeit, mit kleinen Touristenschiffen zum Beispiel von der Halbinsel Butjadingen aus den Leuchtturm Hohe Weg zu umrunden. Wenn das Wetter es zulässt, kann man bei Niedrigwasser sogar von Bord gehen und im Watt herumlaufen.

Im Jahre 1922 hatten sich die Sände der Außenweser so weit verändert, dass das östlich der Sandbank Robbenplate verlaufende Fahrwasser, der sogenannte „Wurster Weserarm", nicht mehr mit vertretbarem Aufwand freizubaggern war. Daher verlegte man die Fahrrinne in den westlich des Sandes verlaufenden „Fedderwarder Arm".

Einer der ersten für dieses neue Fahrwasser gebauten Leuchttürme steht direkt auf der Sandbank. Für den Leuchtturm Robbenplate verwendete man den metallenen Laternenaufbau, den der am alten, östlichen Fahrwasser stehende Steinturm auf Meyers Legde nun nicht mehr benötigte. 150 Pfähle tragen das Betonfundament des Turmes, der im Dezember 1924 in Betrieb ging. Bis 1931 war er nur Einzelfeuer, seitdem leuchtet er als Oberfeuer einer Richtfeuerlinie. Um eine besonders große Feuerhöhe zu erreichen, setzte man ihm 1988 einen Stahlmast auf und montierte an dessen Spitze das Oberfeuer. Wie der Turm Hohe Weg hat auch dieses Backsteingebäude in den 1990er-Jahren eine Ummantelung mit Aluminiumplatten erhalten, um der eindringenden Feuchtigkeit Herr zu werden.

Unterhalb der Laterne erhielt der Leuchtturm Robbenplate um 1960 ein stählernes Zwischengeschoss.

Vom Abend des 15. August 1887 an leuchteten an der Außenweser vier neue Feuer. Da war zunächst der Turm bei Meyers Legde. Wer mit dem Schiff durchs Watt von der Weser zur Elbe fährt, muss eine flache Stelle ("Legde") dieses Namens passieren, bevor er wieder tieferes Wasser erreicht. Außerdem nahm man für weserabwärts fahrende Schiffe die Richtfeuerlinie Eversand in Betrieb. Ihr Oberfeuer stellt heute als Museum und Aussichtsturm bei Dorum ein lohnendes Ausflugsziel dar (siehe Seite 56 "Obereversand"). Das Unterfeuer dient im Watt genau wie der alte Turm von Meyers Legde als Brutplatz für Kormorane.

Der vierte Turm, der im August 1887 aufleuchtete, war die Holzbake von Solthörn, von den Einwohnern der Gegend aufgrund des Brennstoffes "Petroleumkocher" genannt. Sie wurde 1906 durch einen später gesprengten Nachfolger aus Stein ersetzt und 1911 abgerissen. Beabsichtigt ist, beide Türme für Touristen nahe ihrem ursprünglichen Standort an der geplanten Deutschen Leuchtturmstraße wieder aufzubauen.

1905 errichtete man im Watt nahe der drei Eisentürme einen weiteren Steinturm, den neuen Turm von Meyers Legde. Die starke Verlagerung des Fahrwassers erforderte einen Neubau. Gemeinsam mit den beiden Kormorantürmen steht er heute noch an der Außenweser, obwohl er wie die anderen Türme bald seine Bedeutung verlieren sollte und nur zwölf Jahre in Betrieb war.

Der alte Turm von Meyers Legde (linke Seite) entstand ebenso wie die 1923 abgeschalteten Türme vom Eversand bei der AG-Weser in Bremen. Der Steinturm bei Meyers Legde (links oben) entstand erst später.

Am Unterfeuer Eversand installierte man zahlreiche Nisthilfen für Kormorane (links und oben rechts).

DIE FEUER VON BREMERHAVEN

2007/08 wurde das alte Backsteingebäude turnusgemäß gründlich restauriert (rechts und Mitte).

Das Trauzimmer befindet sich im unteren Gebäudeteil des Bremerhavener Leuchtturms (unten).

Einer der architektonisch schönsten Leuchttürme steht in Bremerhaven. Offiziell im Leuchtfeuerverzeichnis als „Bremerhaven Oberfeuer" bezeichnet, wird er hingegen nach seinem Erbauer meist „Simon-Loschen-Turm" oder kurz „Loschenturm" genannt. Diesem jungen Architekten überließ der bremische Hafenbaumeister Johannes Jacobus van Ronzelen (1800 bis 1865) den Bau des Turmes. Der Holländer van Ronzelen, 1827 in Bremer Dienste getreten, hatte aufgrund der zunehmenden Bedeutung der Stadt als Seehafen den Auftrag erhalten, die Hafenanlagen entlang der Weser bei Bremerhaven zu erweitern.

Simon Loschen (1818 bis 1902), ein großer Anhänger der Backsteingotik, hatte bereits im neugotischen Stil die Bürgermeister-Smidt-Gedächtniskirche in Bremerhaven entworfen.

Der direkt neben der Schleuse zum Neuen Hafen entstehende, später nach ihm benannte Leuchtturm sollte vielleicht gemeinsam mit dem Kirchturm ein harmonisches Ensemble bilden. Als Anbau an den Loschenturm entstand ein ebenfalls neugotisches Leuchtfeuerwärtergebäude, das jedoch Bomben im Krieg zerstörten. Die Schleuse neben dem Turm schüttete man 1944 zu.

Zunächst erhielt der Loschenturm ein Feuer, das in alle Richtungen strahlte. Die Veränderung zum Oberfeuer erfolgte 1893. Damals entstand das sogenannte „Minarett", ein rot-weißer Leuchtturm, der sich nur gut 200 Meter vom Loschenturm entfernt befindet.

Neben dem Bremerhavener Loschenturm stand ein Wärterhaus, das im Zweiten Weltkrieg zerstört wurde. Darunter eine Darstellung des Leuchtturms Hohe Weg (s. S. 42), dessen gekrümmter Turmsockel so gebaut wurde, dass er andrängenden Eisschollen widerstehen kann (unten).

Zwischen den Türmen der Richtfeuerlinie liegt der Bremerhavener Zoo (rechte Seite).

Sein Baumeister, Rudolf Rudloff, suchte bewusst den architektonischen Kontrast zwischen beiden Gebäuden. Während das neugotische Oberfeuer der alten Zeit huldigt, kündigte sich beim Unterfeuer, auch „Zwiebelturm" genannt, schon das moderne, bevorstehende 20. Jahrhundert an. Heute ist der Simon-Loschen-Turm eine Touristenattraktion und bereichert die maritime Erlebnislandschaft der Stadt Bremerhaven. Gelegentlich finden vor dieser wunderschönen Kulisse Hochzeiten statt. Die vor einigen Jahren wieder geöffneten, unmittelbar am Turm gelegenen Schleusen passieren vor allem Sportboote, um zu ihren Liegeplätzen im Neuen Hafen zu gelangen.

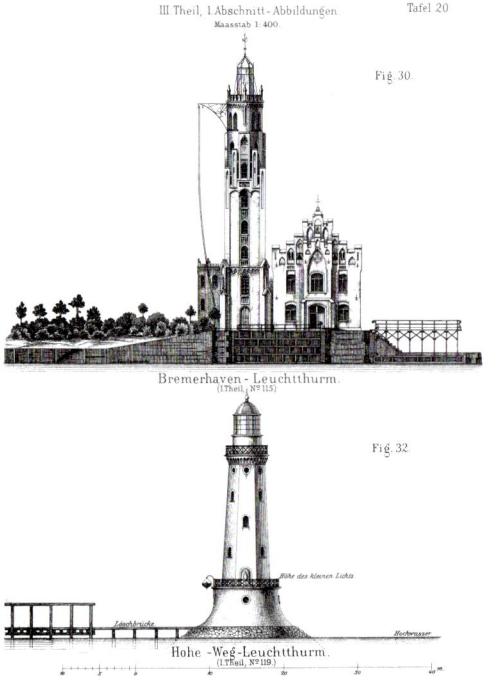

III Theil, 1.Abschnitt - Abbildungen.
Maasstab 1:400.

Tafel 20

Fig. 30.

Bremerhaven - Leuchtthurm.
(1.Theil, N° 115.)

Fig. 32.

Hohe -Weg-Leuchtthurm.
(1.Theil, N° 119.)

DER PINGELTURM AN DER KAISERSCHLEUSE

Das Einfahrtsfeuer Kaiserschleuse wird heute von der Stadt Bremen betreut (linke Seite).

Etwas südlich, an der Mündung der Geeste, stehen zwei Molenfeuer. Der Backsteinturm mit der roten Laterne stammt aus dem Jahre 1914, die grüne Gitterbake ist zehn Jahre jünger (links).

Die Zunahme des Schiffsverkehrs im 19. Jahrhundert erforderte die Erweiterung der Bremerhavener Hafenanlagen. Die Stadt Bremen entschied, den Architekten Carl Hanckes mit dieser Aufgabe zu betrauen. Die neuen, 1876 fertiggestellten Hafenbecken widmete man im jungen, erst fünf Jahre zuvor gegründeten deutschen Kaiserreich dem Staatsoberhaupt und sprach vom „Kaiserhaven". Die von der Weser in die Hafenbecken führende Schleuse hieß entsprechend Kaiserschleuse. Sie war damals die weltweit größte ihrer Art.

Die Zufahrt der Kaiserschleuse sollte auch einen repräsentativen Leuchtturm erhalten, der architektonisch attraktiver aussehen würde, als die zunächst aufgestellten lampenbestückten Masten. Der Hafenbauingenieur Rudloff entwarf daraufhin einen rund 15 Meter hohen Turm mit Blindfenstern in traditioneller Bauweise.

Die Nachrichten für Seefahrer vermeldeten im Frühsommer 1900: „Im Laufe dieses Frühjahres ist … ein massiver Leuchtthurm in rothem Ziegelbau mit Architekturformen und Sockel aus Cementkunststein errichtet worden, dessen oberer Abschluss durch eine eiserne, grün gestrichene Laterne gebildet wird."

An der Außenwand des Turms hängt eine bronzene Glocke von knapp einer halben Tonne Gewicht. Bei Nebel gibt sie alle zehn Sekunden vier Schläge ab. Deshalb erhielt der Turm von der Bevölkerung den Spitznamen „Pingelturm".

Zwischen Bremerhaven und Cuxhaven stehen weit über ein Dutzend Leuchttürme. Zum Teil sind deren Feuer noch in Betrieb, zum Teil handelt es sich um stillgelegte Seezeichen oder historisch genaue Nachbauten. Nachdem engagierte Bürger der Region Wursten die Versetzung des Turmes von Obereversand angestoßen und andere später den Feuerträger Wremertief am Hafen wieder aufgebaut haben, ist der Grundstock für eine komplette Leuchtturmstraße gelegt. Von der Elbmündung bei Cuxhaven an der Küste entlang nach Süden bis zur Wesermündung soll sie in den kommenden Jahren angelegt werden.

Engagierte Mitglieder des Wremer Heimatvereins bauten nach 75 Jahren den „Kleinen Preußen" wieder auf.

Im Jahre 1907/08 ergänzte ein kleiner schwarz-weißer Leuchtturm nahe dem Wremer Hafen die Befeuerung der Außenweser. Da seine Farben denen des Landes Preußen entsprachen, zu dem er gehörte, erhielt der 10 Meter hohe Turm schon bald den Spitznamen „Kleiner Preuße".
In den 1920er-Jahren erhielt der Turm für wenige Jahre einen rotweißen Anstrich, seine Bedeutung hatte er inzwischen bereits verloren. Im Spätsommer 1930 erfolgte seine Demontage. Schon damals hingen die Wremer an ihrem Turm. Einer der Fischer soll sich verärgert beim Pastor beklagt haben, die Beseitigung des Turmes sei eine Erniedrigung Wremens durch das Bremer Tonnenamt. Der Turm müsse unbedingt auf seinem Standort verbleiben. Wenigstens die Laterne fand damals auf einem der hohen Oberfeuer entlang der Weser Verwendung.
Ein Dreivierteljahrhundert später sollte die Stadt den Leuchtturm endlich zurückhalten, als Nachbau zwar, aber so sorgfältig erstellt, dass Abweichungen zum Original kaum erkennbar sind. Nach umfangreicher Planung lag im Herbst 2004 die Baugenehmigung vor, und im April 2005 fand die Einweihung des Kleinen Preußen statt. Eines allerdings mussten die Wremer in Kauf nehmen: Da der Turm nicht weit vom heutigen Weserfahrwasser steht, darf er nur zum Land hin leuchten, nicht wie sein Vorgänger zum Wasser hin. Das Feuer könnte die auf der Weser verkehrenden Fahrzeuge irritieren.

**Die eiserne Gitter-
konstruktion muss an
diesem Standort auf-
wendig gegen Salz-
wasserkorrosion
geschützt werden.**

Nach dem Verlöschen des Oberfeuers auf dem Eversand 1923
sollte es 80 Jahre dauern, bis der
Turm eine neue Verwendung erhielt. Mitte der 1990er-Jahre hatte
der Eisgang in der Nordsee die
Tragkonstruktion des alten Eisen-
turmes erheblich beschädigt. Auch
bekam die im Bauwerk befindliche
Zufluchtstätte für Schiffbrüchige
gelegentlich ungebetenen Besuch
von Paddlern, die „Unschönes"
hinterließen. Daher entschied das
Wasser- und Schifffahrtsamt, sich
von dem Turm zu trennen.
Die Samtgemeinde Wursten zeigte
Interesse, den Turm bei Dorum an
der Wattkante aufzustellen – als
maritimes Denkmal für Touristen.
Engagierten Bürgern vor Ort und
der Gemeinde gelang es, zahlreiche Mitstreiter für das schwer fi-
nanzierbare Vorhaben zu gewin-
nen. Im Frühjahr 2002 fand die
Ausschreibung des ungewöhnli-
chen Bauprojektes statt. Zu ihr gehörten die Versetzung des 113
Tonnen schweren Turms nach
Dorum, der Bau einer Bäderbrücke
als Zugang sowie die Errichtung
eines Treppenturms neben dem
Leuchtturm.
Um einen so schweren Turm zu
versetzen, waren ausgezeichnete
Ingenieurleistungen und erfahrene
Bauunternehmen gefragt. Man entschied, seitlich des Turmes zunächst zwei durch Stahlträger fest
miteinander verbundene Pontons
zu positionieren. Ein auf ihnen er-
richtetes Gerüst umfasste den
Turm. Bei Flut schwammen die
Pontons auf, und zu einem genau
berechneten Zeitpunkt trennten
Schweißer den Turm vom Funda-

ment. Daraufhin hoben die Pontons das Gerüst und dieses den
Turm an. Das ganze Konstrukt
wog 250 Tonnen. Schlepper zogen
es nach Dorum, wo der Turm auf
dem vorbereiteten neuen Fundament seinen endgültigen Standort
fand.
Mitte März 2003 erreichte der
Turm schließlich sein Ziel. In den
Monaten darauf erfolgten zunächst
Restaurierungs- und Einrichtungs-
arbeiten. Eine im Turm liebevoll
zusammengestellte Ausstellung
bringt dem Besucher die Lebens-
und Arbeitswelt eines Leuchtfeuerwärters näher. Vor allem aber gelang es, den Turm wieder so
strahlen zu lassen, wie er es zu seiner Dienstzeit tat. Das Wasser- und
Schifffahrtsamt steuerte eine Optik
bei und natürlich die erforderlichen
Genehmigungen, die Fachstelle für
Verkehrstechnik plante mit, und
zahlreiche ehrenamtliche Helfer
schafften es gemeinsam, dass am
14. August 2004, fast auf den Tag
genau 117 Jahre nach der ersten
Zündung des Feuers, die Laterne
von Obereversand wieder leuchtete.
Heute stellt der Leuchtturm für die
Fischer von Dorum eine nützliche
Orientierungshilfe dar. Für Besucher der Region bietet er einen beliebten Aussichtspunkt und dient
heiratswilligen Paaren gelegentlich
auch als Standesamt.

Seit dem Entstehen dieser Zeichnung aus dem Jahre 1878 hat der Neuwerker Leuchtturm nur wenige bauliche Veränderungen erfahren (unten).

Der ursprüngliche Zugang zum Turm befindet sich in 8 Meter Höhe. Die beiden Türen darunter wurden erst in der Neuzeit angelegt (rechte Seite).

Bereits um Christi Geburt befuhren die Römer mit ihren Schiffen die Mündungen der Flüsse Elbe, Weser und Ems. Es sollte aber noch rund 1000 Jahre dauern, bis eine systematische Besiedlung dieser Region erfolgte. An der Nordseeküste und weit die Flüsse hinauf war Fischerei eine der Haupterwerbsquellen. So entstanden hier schon früh Fischmärkte, auf denen die Ware von Händlern erworben wurde, um sie in die Städte und Dörfer zu liefern. Einer dieser Märkte fand Mitte des 13. Jahrhunderts während der Sommermonate auf der „Insel O" statt, die man 100 Jahre später Neuwerk nannte. Aal, Hering, Stör und Plattfische standen zum Kauf.

Hamburg wuchs damals zu einer der wichtigsten Handelsstädte. Zur Zeit der Wikinger transportierten Händler Waren von West nach Ost über Eider, Treene, Haithabu und Schlei zur Ostsee. Die neue Verbindung führte über die Elbe, Alster, den Alster-Trave-Kanal und Lübeck direkt an Hamburg vorbei und begünstigte den wirtschaftlichen Aufstieg enorm.

Das Interesse Hamburgs wuchs, an der Elbmündung präsent zu sein, um den See- und Strandraub an der Unterelbe zu bekämpfen. Daher nahm Hamburg von der „Insel O" Besitz und schloss 1299 in Mölln mit den Herzögen von Sachsen und Lauenburg einen Vertrag, der es der Stadt erlaubte, zum Schutz vor Räuberei auf Neuwerk ein Bauwerk zu errichten, mit dessen Aufstellung unter finanzieller Beteiligung Lübecks auch gleich begonnen wurde.

Im Mittelalter in einer abgelegenen Region Präsenz zu zeigen, erforderte, den Ort gegen Räuberei und andere Übergriffe zu befestigen. So entstand zwischen 1300 und 1310 auf der Insel der Hamburger Wehrturm, der von nun an für die Schifffahrt eine wichtige Landmarke darstellte. Er ist heute das älteste Gebäude Hamburgs und gleichzeitig Deutschlands ältester Feuerträger – als Leuchtturm aber dient er erst seit 1814.

Das Gebäude erhielt zunächst den Namen „das Neue Werk", eine Bezeichnung, die sich bald auf die ganze Insel übertrug. Geschützt gegen Sturmfluten, entstand der Turm auf einer 5 Meter hohen Wurt. Damit war Neuwerk für die nächsten 250 Jahre eine Hallig, auf der nun ganzjährig Streitkräfte stationiert waren. Von den Edelleuten Lappe kaufte Hamburg knapp 100 Jahre später das Cuxhavener Schloss Ritzebüttel. Nun verlagerte die Stadt das Militär dorthin. Vom Jahre 1417 an lösten auf der Insel zivile Vögte die Hauptleute und das Militär ab. Deichbau und die Besiedlung Neuwerks begannen erst im Jahre 1556.

Oft versucht, jedoch nie gelungen ist die Eroberung des Neuwerker Wehrturms in den 700 Jahren seines Bestehens. Für die ersten beiden Ebenen, den Keller und das heutige Restaurant „Turmschänke", existierte kein Zugang von außen. Erst zur dritten Ebene hinauf führte eine acht Meter lange, einziehbare Holztreppe. 1431 plünderten die Dithmarscher die Insel, 1626 die Truppen des Markgrafen von Brandenburg –

den Turm eroberten sie nicht. Der Feldherr Graf Tilly blieb mit seinen Truppen im Dreißigjährigen Krieg schon in den Nebelbänken des Inselwatts stecken, und 1813 konnte der Plan der Franzosen, den Turm zu sprengen, in letzter Minute verhindert werden.

Aber nicht nur vor menschlichen Angriffen, auch vor Sturmfluten schützte der Turm immer wieder die Inselbewohner.

Seit 1644 erleichterte eine auf Neuwerk betriebene Kohlenblüse nachts die Ansteuerung der Elbe erheblich. Anfang des 19. Jahrhunderts modernisierte man dieses

Das Senatszimmer dient heute den Gästen als Aufenthaltsraum.

Leuchtfeuer und versetzte es auf den Neuwerker Wehrturm. Zuvor entstand jedoch der Cuxhavener Leuchtturm, denn durch den Einsturz der dortigen Bake 1801 war dessen Bau unaufschiebbar. Die Zündung der Rüböl-Lampe auf dem Neuwerker Turm erfolgte erst am 20. Dezember 1814. Als Quermarke für die Außenelbe ist die nautische Bedeutung des Feuers inzwischen nicht mehr groß, aber die Wattwagen nutzen ihn zur nächtlichen Orientierung.

Nachdem Neuwerk viele Jahrhunderte unter hamburgischer Verwaltung stand, kam die Insel 1937 zu Preußen, später zu Niedersachsen und Ende der 1960er-Jahre wieder zu Hamburg. Heute ist statt Fischerei, Ackerbau und Viehzucht der Tourismus die wichtigste Einnahmequelle der Inselbewohner.

Die Insel und das umgebende Watt gehören zum Nationalpark Wattenmeer und laden zur Erholung ein. In den mittelalterlichen Mauern des Turmes kann der Besucher in Einzel- und Doppelzimmern oder in einem Appartement nächtigen. Politiker haben sich gelegentlich gern hierher zurückgezogen. In dem heutigen Aufenthaltsraum im 4. Stock unterzeichneten 1962 die Länderchefs den Staatsvertrag zwischen Hamburg und Niedersachsen, durch den Hamburg die Insel zurückerhielt.

Die Decken der Gasträume ruhen auf riesigen Holzbalken.

Cuxhaven | Der Leuchtturm auf der Alten Liebe

Nautis Signum Sibi Monumentum Erexit Respublica Hamburgensis Ao MDCCCIII – „Den Seefahrern zum Zeichen, sich selbst zum Denkmal errichtet vom Staat Hamburg im Jahre 1803". So steht es auf einer Tafel über dem Eingang zum Cuxhavener Leuchtturm, der entstand, als die Stadt noch zu Hamburg gehörte. Um 1800 war die große, die Cuxhavener Hafeneinfahrt markierende Bake so stark verwittert, dass in Hamburg Pläne bestanden, sie zu ersetzen. Als die Große Bake in der Nacht vom 2. auf den 3. November 1801 endgültig zusammenbrach, hatte der Neubau eines Seezeichens an dieser Stelle höchste Priorität. Man entschied, einen Leuchtturm zu errichten, eine „Lampen-Erleuchtung" der Elbe, wie es damals hieß. Die mit der Planung beauftragte Hamburger Admiralität suchte nun in Deutschland vergeblich nach geeigneten Herstellern von Leuchtfeuerlampen. Schließlich importierte sie das Laternenhaus des Turms und sieben Öllampen mit Metallreflektoren aus England. Am 15. November 1805 erfolgte die Zündung des Cuxhavener Feuers. Bereits nach kaum fünf Monaten ließ sich der französische Stadtkommandant die Turmschlüssel aushändigen. Er hatte Sorge, dass feindliche Schiffe den Turm nachts zur Navigation nutzen könnten. Also löschte er das Feuer wieder, bis zwei Jahre über das Ende der Kontinentalsperre gegen England hinaus. Erst 1814, nach einigen Reparaturen, konnte das Feuer erneut gezündet werden. Lange Zeit trug der Leuchtturm auf der Alten Liebe wichtige Leitfeuer für das Befahren der Elbmündung, jedoch Ende des 20. Jahrhunderts mussten sie mehr und mehr den Richtfeuerlinien weichen. Zunächst nutzte die Wasser- und Schifffahrtsverwaltung den Turm noch für ein Quermarkenfeuer, aber am 7. Mai 2001 erfolgte die endgültige Löschung des Leuchtfeuers.

In der unmittelbaren Nachbarschaft des Cuxhavener Leuchtturms hat sich in den letzten Jahren rege Bautätigkeit entwickelt.

Schon 1532 war die alte Altenbrucher Sankt Nicolai-Kirche mit ihren zwei Türmen auf einer Seekarte vermerkt und diente den Seefahrern in diesem schwierigen Gewässer als Tagsichtzeichen. Beim Segeln entlang der Elbe erscheinen beide Türme vom Schiff aus gesehen für einen winzigen Moment genau hintereinander. Solange sie das tun, darf an Bord der Schiffsjunge das Kommando übernehmen, spotten die Elbsegler.

Um die Fahrt auch nachts sicher zu ermöglichen, errichtete man 1873 am Standort des heutigen Leuchtturms eine Leuchtbake. Gemeinsam mit den Leuchtfeuern Neuwerk und Cuxhaven wies sie den Schiffen die Passage durch die Elbmündung.

Ende des 19. Jahrhunderts ermöglichte die Erweiterung der Elbbefeuerung, dass Schiffe von See bis Hamburg auch nachts sicher fahren konnten. Dafür begann in der Region Altenbruch am 25. November 1897 der Betrieb drei neuer Leuchtfeuer: des Oberfeuers Osterende-Groden sowie der Unterfeuer von Neufeld und Altenbruch. Die neuen Türme sicherten die Fahrwasserstrecke zwischen den Feuerschiffen „Elbe IV" und „Oste-Riff". Etwas östlich der Schleuse von Altenbruch ersetzte nun ein weißer, runder, genieteter Metallturm die hölzerne Leuchtbake. Wegen seiner gedrungenen Form erhielt er bald entlang der ganzen Küste den Spitznamen „Dicke Berta". Die Tragweite dieses neuen Feuers betrug gut 10 Seemeilen. Eine Gürtellinse mit einem halben Meter Durchmesser diente im Turm zur Lichtverstärkung des Unterfeuers und außerdem für ein Quermarkenfeuer.

Die Lampenwechselvorrichtung zündete bei Ausfall des elektrischen Stroms eine Gaslampe und drehte diese samt Reflektorspiegel in den Brennpunkt der Optik (oben).

Ein ganz besonderer Leuchtturm Cuxhavens fällt aufmerksamen Spaziergängern auf der Promenade auf. Auf einem Gebäude der Kurverwaltung steht die Laterne des Leuchtfeuers Duhnen, das auch den Wattwagen diente.

Starke Fahrrinnenveränderungen erforderten 1915 eine Versetzung des Turms um einige Meter. Während dieser Umbaumaßnahme erfuhren auch Laterne, Optik und Lampe eine Erneuerung. Jetzt leuchtete ein Petroleumglühlicht. Nur der alte Turmschaft blieb erhalten. Am 2. Mai 1918 zündete man das Feuer auf dem versetzten Turm erneut, 1927 erfolgte der Anschluss an das öffentliche Stromnetz.

Ende der 1960er-Jahre begann die Realisierung eines grundlegend neuen Konzeptes der Elbbefeuerung. Das Unterfeuer Altenbruch erhielt 1972 auf einem neuen Turm nur 1200 Meter östlich vom alten Standort eine neue Position. Elf Jahre später, am 1. März, erlosch in der Dicken Berta auch das Quermarkenfeuer.

Nun drohte dem Turm der Abriss. Zum Glück stellte ihn das niedersächsische Verwaltungsamt in Lüneburg im August 1983 unter Denkmalschutz. Der drei Monate später gegründete „Förderverein Dicke Berta" restaurierte den Turm und machte ihn 2002 der Öffentlichkeit zugänglich. Man kann ihn heute besteigen, den Blick über die Elbe schweifen lassen und sich durch eine fachkundige Führung in das damalige Leben eines Leuchtfeuerwärters versetzen lassen. Vor allem aber haben Brautpaare die seltene Möglichkeit, sich direkt in einem Laternenraum, gleich neben der großen Glasoptik, das Jawort zu geben. Seit 2002 finden jährlich fast 100 Trauungen in diesem wunderschön restaurierten und liebevoll gepflegten Leuchtfeuer statt.

Er stellt sicher nicht gerade einen der schönsten Leuchttürme Deutschlands dar, und seine militärische Vergangenheit dürfte manchem wohl auch suspekt sein, aber er hat sich inzwischen zu einem prägenden Element der Insel Helgoland entwickelt: der Leuchtturm auf dem Oberland.

Heute ist er nicht nur „zivilisiert", er zeigt auch eines der wichtigsten und stärksten Feuer an der deutschen Nordseeküste. Alle fünf Sekunden zuckt sein weißer Blitz über die Deutsche Bucht. Das Feuer leuchtet so stark, dass man zumindest seinen Widerschein von großen Teilen der deutschen Nordseeküste, etwa von Wangerooge, Cuxhaven, Büsum oder St. Peter-Ording aus, sehen kann.

Helgoland als einzige deutsche Hochseeinsel bot sich schon seit jeher als Standort für ein Leuchtfeuer an. Egal, aus welcher Richtung man von See kommend auf die Mündungen von Eider, Elbe, Weser oder Jade zuläuft, immer gelangt man in die Reichweite des Helgoländer Feuers.

Schon um 1623 unterbreiteten holländische Glaubensflüchtlinge, die es in den Wirren des Dreißigjährigen Krieges nach Friedrichstadt verschlagen hatte, den Vorschlag, hier ein Leuchtfeuer zu betreiben. 1630 war es dann so weit: Eine offene Kohlenblüse ging als zweites Leuchtfeuer an der deutschen Nordseeküste in Betrieb, jedoch nur für wenige Jahre. Ausgerechnet die Inselbewohner waren alles andere als begeistert von dem Feuer, drohte ihnen doch bei ausbleibendem Schiffbruch der lukra-

Auf dem Oberland gelegen, erreicht der Leuchtturm von Helgoland die beachtliche Feuerhöhe von 82 Metern über dem mittleren Hochwasser (rechts).

Zahlreiche Antenneninstallationen prägen den Turmkopf (unten).

nigreich Großbritannien in die Knie zu zwingen, was den deutschen Hafenstädten schwere wirtschaftliche Nachteile brachte, besetzten die Briten kurzerhand das zuvor dem Herzogtum Schleswig und damit zur dänischen Krone gehörende Helgoland. Dieses entwickelte sich zu einem florierenden Schmuggelplatz, und die Briten hatten ein starkes Interesse daran, dass die Schiffer diesen finden konnten. 1811 entstand folglich der erste „richtige" Leuchtturm, der sogenannte „Englische Leuchtturm", ein 18 Meter hoher steinerner Turm, der über 90 Jahre lang seinen Dienst versah. 1875 erhielt er eine neue Laterne mit einer riesigen Gürteloptik.

1890 gelangte Helgoland im Tausch gegen Sansibar wieder unter deutsche Hoheit. Zum Schmuggeln bestand nun kein Anlass mehr, die Insel bot jedoch nach wie vor einen idealen Standort für ein Seefeuer. Ende des 19. Jahrhunderts war man mit der Tragweite des Englischen Leuchtturms nicht mehr zufrieden, und 1902 wurde er durch einen größeren ersetzt, den „Deutschen Leuchtturm". Dieser galt mit seinem neuen elektrischen Schnellblitzfeuer als einer der leuchtkräftigsten der Welt. Ein sehr ähnlicher Leuchtturm entstand zur gleichen Zeit in Arkona auf Rügen. Die Laterne des alten Englischen Turms verfrachtete man mitsamt der riesigen Gürtellinse nach Fehmarn, wo sie bis heute im Leuchtturm Staberhuk vorhanden ist. Kurz vor Ende des Krieges, am 18. April 1945, bombardierte die

tive Nebenerwerb des Strandraubs abhandenzukommen. Die Blüse wurde umgehend gelöscht, zumal es auch Schwierigkeiten mit dem Eintreiben des Feuergeldes gegeben hatte. Jahrzehnte später, um 1679, setzte die Hansestadt Hamburg – sehr zum Unwillen der Helgoländer – den erneuten Betrieb einer Blüse durch, die nunmehr Bestand haben sollte.

Als 1806 Napoleon durch die Kontinentalsperre versuchte, das Kö-

Als Lichtquelle dient eine 2000 Watt starke Xenon-Hochdrucklampe (rechts).

Royal Air Force die Insel und verwüstete sie weitgehend. Der Leuchtturm fiel in Schutt und Asche, und die beiden Leuchtfeuerwärter kamen ums Leben. Die wenigen, noch ausharrenden Bewohner wurden evakuiert, die Insel diente fortan als Bombenabwurfziel der britischen Besatzungsmacht. Als ob das nicht des Elends genug wäre, versuchten die Engländer 1947 mittels der Zündung von 6700 Tonnen Sprengstoff, Helgoland endgültig von der Landkarte (bzw. Seekarte) zu tilgen. Die Felseninsel hielt stand, aber die wenigen nach den Bombardierungen übrig gebliebenen Gebäude wurden vollends zerstört. Einzig der 1941 extrem stabil gebaute Flakleitstand auf dem Oberland überstand auch dieses Martyrium. Sofort nach der Rückgabe Helgo-

lands an Deutschland installierte man im Mai 1952 – nach Behebung der gröbsten Schäden – auf dem Flakturm zunächst ein provisorisches Leuchtfeuer. Zwölf Jahre später erfuhr das Bauwerk eine gründliche Instandsetzung, wurde um 5 auf 34 Meter erhöht und erneut mit einem leistungsfähigen Seefeuer versehen. Heute trägt der ehemalige Flakturm nicht nur das Leuchtfeuer, sondern auch ein Radar sowie weitere Antennen für die dort untergebrachte Küstenfunkstelle mit Weitbereichsradar. Obwohl das Feuer längst automatisiert ist, arbeiten noch immer Menschen in diesem Leuchtturm. Als aktives Seezeichen und wichtiger Standort der Radarüberwachung der Deutschen Bucht ist das markante Bauwerk leider nicht zu besichtigen.

Nur kurze Zeit standen um 1902 der neue, höhere „Deutsche Leuchtturm" und der alte „Englische Leuchtturm" nebeneinander (oben).

Drei rotierende, um jeweils 120° versetzte Scheinwerferlinsen bündeln das Licht in scharfe Strahlen, die am Horizont entlang streichen. Drei weitere Linsen darüber kommen als Ersatzoptik zum Einsatz, wenn die Lichtquelle ausfallen sollte (linke Seite, Mitte).

HELGOLAND DÜNE

Der stählerne Leuchtturm auf der Düneninsel dient als Oberfeuer und Leitfeuer (rechts).

1936 hatten die Monteure den Rohbau aus Eisengussteilen fertig zusammengeschraubt (unten).

Weniger bekannt, aber dennoch leicht zu entdecken ist der zweite Leuchtturm Helgolands. Er steht auf der seit der Silvestersturmflut 1720/21 von der Hauptinsel getrennten Düneninsel und trägt daher auch die offizielle Bezeichnung „Helgoland Düne". Den Badegästen ist er natürlich ein Begriff, denn der rot-weiß gestreifte, 20 Meter hohe Stahlturm ist am Südweststrand der Düneninsel kaum zu übersehen. Manchem wird auch aufgefallen sein, dass 120 Meter von dem runden Leuchtturm entfernt ein Stahlmast aus dem Wasser ragt, der offenbar etwas mit dem Turm zu tun hat. Tatsächlich bilden beide zusammen eine Richtfeuerlinie. Sieht man sie in gleicher Peilung direkt hintereinander, weisen sie den Weg entlang der Fahrrinne in den Helgoländer Hafen. Das Oberfeuer hat zusätzliche farbige Sektoren, die die Ansteuerung sowohl von Nordwesten als auch von Süden erleichtern. Dieser Leuchtturm ist übrigens – ebenso wie einige Leuchttürme an der nordfriesischen Küste – aus Eisengussteilen zusammengeschraubt, zuvor hergestellt von der Isselburger Hütte am Niederrhein. Mit seinem Baujahr 1936 ist er der letzte auf diese Weise errichtete Leuchtturm.

Als hätte ihn die Kurverwaltung extra für die Touristen hingestellt, überragt der Leuchtturm den gemütlichen Hafen Büsums. Zusammen mit Fischkuttern und Museumsschiffen bildet er ein beliebtes Postkarten- und Fotomotiv, zumal er mit seinem weiß-roten Anstrich und seinem kegelförmigen Kupferdach so ganz der volkstümlichen Vorstellung eines Leuchtturms entspricht. Tatsächlich steht das Bauwerk auf dem Gelände des Tonnenhofs, der als Stützpunkt des Außenbezirks Tönning zum gleichnamigen Wasser- und Schifffahrtsamt zählt. Wohl nur selten haben die Bediensteten einen so kurzen Arbeitsweg zum Objekt ihrer Pflege. Der Turm ist stets umgeben von zahlreichen bunten Seetonnen, die hier gewartet und gelagert werden.

Erbaut worden ist dieser aus gusseisernen Segmenten der Isselburger Hütte zusammengeschraubte Leuchtturm im Jahre 1913. Die Geschichte der Büsumer Leuchtfeuer ist jedoch deutlich älter, denn Büsum war schon immer der bedeutendste Fischereihafen Dithmarschens. Vorgänger war eine an einem Holzmast befestigte Ölleuchte, deren Rekonstruktion man am Ende des Museumshafens bewundern kann. Wenig bekannt ist, dass in Büsum bereits vor über 100 Jahren der Ingenieur Max Gehre Versuche mit einem windkraftbetriebenen Leuchtturm angestellt hat. Aber die Zeit war wohl noch nicht reif für derlei hochmoderne Erfindungen. Stattdessen entstand der 22 Meter hohe konventionelle Leuchtturm. Er war anfangs schwarz gestrichen und trägt seine rot-weiße Farbgebung erst seit 1952. Der Büsumer Leuchtturm dient als Orientierungsfeuer für die Ansteuerung Büsums durch die Norderpiep oder Süderpiep. Außerdem kennzeichnet er mit einem roten Farbsektor ein Fahrwasser in der Meldorfer Bucht.

Der Büsumer Leuchtturm trug ursprünglich eine einheitlich schwarze Farbgebung (oben links).

Am Hafen steht die Laterne eines der alten Molenfeuer von Büsum. Beim Bau des Sperrwerks und der Verlängerung der Molen Mitte der 1980er-Jahre wurden sie durch neue kleine Stahltürme ersetzt (links).

St. Peter | Zum Leuchtturm umgebaut

Südlich der Halbinsel Eiderstedt mündet die Eider in die Nordsee. Der längste und bedeutendste Fluss Schleswig-Holsteins bildet die Grenze zwischen Dithmarschen und Nordfriesland. Seit 1784 diente er zusammen mit dem Eiderkanal östlich von Rendsburg als schiffbare Verbindung zwischen Nordsee und Ostsee. Der Ort Tönning mit seinem idyllischen Hafen zeugt noch von den Zeiten, als ein lebhafter Warenverkehr die Westküste aufblühen ließ. Zur Erleichterung der Eideransteuerung stand in Böhl bei St. Peter auf Eiderstedt zunächst eine hölzerne Peilbake, die 1892 durch einen Backsteinturm ersetzt wurde. Schon drei Jahre später verlor die Eider als Schifffahrtsweg erheblich an Bedeutung, denn der neue Kaiser-Wilhelm-Kanal (heute Nord-Ostsee-Kanal) war kürzer und ermöglichte wesentlich größeren Schiffen die Passage. Dennoch versah man den Turm bei Böhl 1914 mit einem Laternenaufsatz und machte ihn zum Leuchtturm. Von Land aus ist der 18,4 Meter hohe Turm nicht so leicht zu finden, denn er „versteckt" sich hinter einem Wäldchen und ist erst nach einem kurzen Spaziergang zu erreichen.

Das Leuchtfeuer St. Peter dient auch heute noch als Orientierungs- und Quermarkenfeuer. Das Fahrwasser der Außeneider windet sich zwischen zahlreichen hohen Sandbänken hindurch, sodass das Leuchtfeuer eine gute Orientierungsmöglichkeit bietet.

WESTERHEVERSAND | DER BERÜHMTE

Fast jeder hat ihn wohl zumindest auf Bildern schon einmal gesehen. Er ist unzählige Male von der Werbeindustrie verwendet worden. Kaum ein für Schleswig-Holstein werbendes Plakat kann auf ihn verzichten, und die Zuschauer des NDR-Fernsehens haben ihn 2008 zum schönsten Leuchtturm Deutschlands gekürt: Westerheversand.

Im Deichvorland bei der kleinen Ortschaft Westerhever stehend, ist er geradezu ein Symbol für die Weite der nordfriesischen Küstenlandschaft, und mit seinem rotweiß gestreiften Anstrich entspricht er ganz dem klassischen Bild eines Leuchtturms. Die beiden symmetrisch zum Leuchtturm gelegenen Wärterhäuser vervollkommnen das Ensemble zusätzlich. Natürlich ist Westerheversand bereits mit einer Briefmarke der Deutschen Post gewürdigt worden. Hätten die Einwohner von Westerhever damals geahnt, was für eine Berühmtheit in ihrem Dorf errichtet werden sollte, hätten sie sich wohl nicht geweigert, für den Bau des Leuchtturms Land zur Verfügung zu stellen. Dadurch war man gezwungen, den Turm außendeichs zu errichten. Hierzu schüttete man eine 5 Meter hohe Warft auf, die zwei Tage lang mit Pferden festgeritten wurde. 127 in den weichen Marschboden getriebene Holzpfähle tragen das Betonfundament und den sechzehneckigen Sockel. Der Turm selbst entstand unter Verwendung standardisierter Gusseisenteile, sogenannten „Tübbings", die die Isselburger Hütte am Niederrhein lieferte. Der ganze

Schön sind im Trauzimmer des Leuchtturms Westerheversand die einzelnen Tübbings zu erkennen, aus denen der Turmschaft zusammengeschraubt ist. Das Schlafzimmer im Stockwerk darunter ist nur Dekoration (unten).

Turmschaft ist aus über 600 solcher Tübbings zusammengeschraubt. Man kann sie bei einer Turmbesteigung sehr schön erkennen. Diese Bauweise ermöglichte eine relativ schnelle und rationale Errichtung der nicht allzu schweren, aber dennoch sehr stabilen Konstruktion. Etwa zur gleichen Zeit entstanden die fast baugleichen Leuchttürme von Hörnum und Pellworm. Aus Gründen der gleichmäßigen Gewichtsverteilung auf dem weichen Marschboden

wurden anstelle eines großen zwei kleine Wärterhäuser beiderseits des Turms errichtet.

Am 26. Mai 1908 leuchtete erstmals das neue Leuchtfeuer an der Nordwestspitze Eiderstedts. Von Anfang an setzte man auf elektrische Energie, aber leistungsfähige Glühlampen gab es damals noch nicht. So kam eine elektrische Bogenlampe zum Einsatz, bei der zwischen zwei Kohlestäben ein heller Lichtbogen entsteht. Als letzte derartige Lichtquelle war sie bis 1974 in Betrieb. Heute leuchtet eine 2000 Watt starke Xenon-Hochdrucklampe in der Optik des Leuchtfeuers. Es dient als weittragendes Seefeuer der Orientierung vor Eiderstedts Küste und markiert als Leitfeuer mit farbigen Sektoren die Einfahrt in den Heverstrom, der Zufahrt nach Husum und Pellworm.

Trotz seiner etwas abgelegenen Lage ist der nur zu Fuß erreichbare Leuchtturm Westerheversand ein beliebtes Ziel für Touristen. Vom Parkplatz direkt am Deich aus ist der durch das Deichvorland führende Weg rund anderthalb Kilometer lang. Der Leuchtturm dient als Standesamt, und in einem der beiden Wärterhäuser kann man auch übernachten. Allerdings ist der Zugang zum Leuchtturm nicht immer möglich. Bei Sturmflut wird das Deichvorland überflutet, und am 3. Januar 1976 umspülte das Wasser bereits den Sockel des Turms, der im Notfall als Zufluchtstätte gedient hätte.

Um 1900 herum war das Seegebiet im Bereich der nordfriesischen Inseln – mit Ausnahme von Sylt und Amrum – nicht allzu reich mit Seezeichen bestückt. Die Schifffahrt auf dem Heverstrom von und nach Husum war lange Zeit auf Tagessichtmarken angewiesen, als deren markantestes die Ruine des Kirchturms auf Pellworm galt. Am 5. April des Jahres 1611 stürzte der 60 Meter hohe Turm plötzlich in sich zusammen, doch die rund 20 Meter hohe Ruine bildet bis auf den heutigen Tag eine auffällige Landmarke.

Nachts war die Annäherung an das Festland zwischen hohen Sänden und Untiefen hindurch jedoch eine gefährliche Angelegenheit. Auf Initiative des „Nautischen Vereins für die schleswigsche Westküste" entstanden Anfang des 20. Jahrhunderts mehrere Leuchtfeuer, die eine sichere Ansteuerung der Häfen am Heverstrom ermöglichen sollten. Eines dieser Feuer ist der Leuchtturm von Pellworm. Er wuchs im Jahre 1907 aus vorgefertigten Eisengussteilen der Isselburger Hütte empor und ist baugleich mit den zur selben Zeit errichteten Leuchttürmen von Hörnum und Westerheversand. Sein Betonfundament ruht auf 14 Meter langen Holzpfählen, die in den weichen Inselgrund getrieben wurden. Der 41 Meter hohe Turm besitzt die typische rot-weiß-rote Farbgebung, hat aber im Gegensatz zu Westerheversand nur ein weißes Band.

Wie seine „Brüder" ist auch der Leuchtturm von Pellworm noch in Betrieb. Er markiert als Leitfeuer

das Fahrwasser der Norderhever für von See her kommende Schiffe. Außerdem strahlen nach Norden und Südosten Quermarkenfeuer, die Abschnitte der Süder-

2007 beging der Pellwormer Leuchtturm mit einem Volksfest sein 100-jähriges Bestehen.

aue und den Ochsensand kennzeichnen. Früher diente der
Leuchtturm auch als Oberfeuer
einer Richtfeuerlinie.
Eine weitere Funktion hat der Pellwormer Leuchtturm seit 1998 hin-
zugewonnen: Er dient als
Standesamt, in dem sich Brautpaare im Trauungszimmer im 8.
Stockwerk stilvoll das Jawort
geben können. Der Leuchtturm,
heute ein Wahrzeichen der Insel
Pellworm, kann besichtigt werden,
die Eintrittskarten erhält man bei
der Kurverwaltung.

Eine Besonderheit des nordfriesischen Wattenmeeres sind die Halligen – kleine, niedrige Inseln ohne höhere Deiche, die „Landunter" melden, wenn sie bei Sturmflut überflutet werden. Die Häuser ihrer Bewohner stehen auf Erdhügeln, den Warften oder Warfen. Sie geben den Halligen ihr charakteristisches Erscheinungsbild. Von einer einstmals viel größeren Zahl sind heute noch zehn Halligen übrig geblieben, nicht alle davon sind permanent bewohnt. Die größte von ihnen ist aus den drei früheren Halligen Nordmarsch, Butwehl und Langeneß zusammengewachsen und trägt heute den Namen der Letzteren.

Nach Bau eines Lorendammes zum Festland mussten Schiffe einen Umweg in Kauf nehmen. Das führte im Jahre 1902 zur Errichtung eines Leuchtturms auf der Alten Peterswarf am westlichen Ende der Hallig. Benannt ist das Feuer nach der ursprünglichen Hallig Nordmarsch.

Den kleinen, 11 Meter hohen Backsteinturm beschädigte 1916 eine verirrte Seemine, woraufhin er jahrzehntelang als schiefer Leuchtturm in der Gegend stand. Erst in den 1950er-Jahren wurde er saniert, wieder gerade gerückt und mit einer neuen Verklinkerung versehen.

Man kann den Leuchtturm nach einem kurzen Spaziergang vom Fähranleger bei der Rixwarf oder vom Gasthaus Hilligenley aus erreichen. Gut zu sehen ist er aber auch von Föhr, Amrum oder Hallig Hooge aus.

Die Laterne des Leuchtturms von Oland ist außen an der Wand angebracht (rechts).

Die roten und grünen Sektoren markieren die Endpunkte des Dagebüller Fahrwassers. Hier muss der Steuermann eine Kursänderung vornehmen (unten).

Die zweite Hallig, auf der sich ein Leuchtturm befindet, ist Oland. Obwohl die Hallig nur eine Warft besitzt, auf der sich sämtliche Häuser um den kleinen Teich, den Fething, herum drängen, ist das Leuchtfeuer nicht ganz leicht zu finden, denn es sieht so gar nicht wie ein Leuchtturm aus. Im Nordwesten, gleich hinter dem niedrigen Deich, steht ein kleines, viereckiges, reetgedecktes Häuschen, an dessen Nordseite eine merkwürdige Apparatur hängt. Dies ist die Laterne, die nachts als Festfeuer mit drei farbigen Sektoren Abschnitte des nach Dagebüll führenden Fahrwassers kennzeichnet. Das kleine, nur 7 Meter hohe Türmchen – vermutlich der einzige reetgedeckte Leuchtturm der Welt – wurde 1929 erbaut, das Feuer wird bis zum heutigen Tage von einem der Halligbewohner gewartet.

Nach Oland gelangt man entweder zu Fuß auf einer Wattwanderung von Dagebüll aus, oder man fährt bei Hochwasser mit dem Ausflugsschiff MS „Rungholt" dorthin. Die urige Hallig bietet neben dem kuriosen Leuchtturm auch eine sehenswerte Halligkirche aus dem Jahre 1824. Wer einmal einen Urlaub in absoluter Natureinsamkeit genießen möchte, kann sich auch auf der Hallig einmieten und wird dann bei Niedrigwasser mit einer Lore vom Festland abgeholt.

Dagebüll ist der wichtigste Fährhafen an der nordfriesischen Küste, fahren von hier doch die Fähren nach Föhr und Amrum ab. Wer sein Auto nicht mit auf die Insel nehmen möchte, kann es hier parken. Bequem ist die Anreise mit der Bahn, denn eine Eisenbahnstrecke führt von Niebüll aus bis direkt auf den Fähranleger.

Ein so wichtiger und zudem noch tidenunabhängiger Hafen benötigt natürlich eine gute Befeuerung, um auch bei Dunkelheit angelaufen werden zu können. Lange Zeit diente hierzu eine Richtfeuerlinie, deren Unterfeuer noch erhalten ist. Der 15 Meter hohe Leuchtturm steht am Deich etwas südöstlich des Hafens, genau dort, wo die Lorenbahn nach Oland und Langeneß ihren Anfang nimmt. Mit seinem Spitzdach sieht er eher aus wie ein Kirchturm. Obwohl der 1929 erbaute Turm erst Anfang der 1980er-Jahre wegen der Deicherhöhung eine Aufstockung erfuhr, legte man ihn schon 1988 still. Das zugehörige Oberfeuer wurde gar abgerissen. Als Ersatz übernahm ein neues Leitfeuer seine Aufgaben, montiert auf einem schlanken Stahlmast direkt auf der Südmole des Fähranlegers.

Nur das Unterfeuer des einstigen Richtfeuers Dagebüll ist erhalten geblieben und bildet noch heute eine markante Tagessichtmarke (rechts).

Der kleine Backsteinturm ist auf einem Sockel aus Feldsteinen aufgemauert (unten).

OLHÖRN | WÄCHTER ÜBER DEN BADESTRAND

Wyk auf Föhr ist seit 1819 das älteste Seebad Schleswig-Holsteins. Auch heute sind der Ort und die Insel beliebte Urlaubsziele, und im Sommer liegen zahllose Badegäste an den schönen Stränden im Westen und Süden der Insel oder tummeln sich auf der langen Promenade. Genau an der Südwestecke Föhrs steht ein kleines, quadratisches Backsteinhäuschen mit einem skurril anmutenden blechernen Aufsatz. Dies ist das Quermarkenfeuer Olhörn, ein schmuckloser Nachkriegsbau aus dem Jahre 1953, das mit einer Höhe von 8 Metern zu den kleinsten Leuchttürmen Deutschlands zählt. Es markiert einen Knick im Fahrwasser der Norderaue, das einerseits nach Wyk und andererseits nach Dagebüll führt.

Von See aus ist das Feuer vor der erleuchteten Kulisse des Seebades und der Promenade nicht ganz leicht zu entdecken, aber es verrät sich durch die Färbung und den Rhythmus, mit dem es aufleuchtet: vier Unterbrechungen kurz hintereinander alle 15 Sekunden.

Das Seegebiet vor Nordfrieslands Küste zählt mit seinen zahlreichen Prielen, Wattengebieten und Außensänden zu den gefährlichsten Revieren der Welt. Tausende von Strandungen und Schiffsuntergängen legen hierüber ein trauriges Zeugnis ab, bedeuteten andererseits aber auch einen lukrativen Nebenerwerb der Inselbewohner, wenn durch den Schiffbruch wertvolle Güter angespült wurden.

Die Einsicht, dass es um Menschenleben und schützenswertes Wirtschaftgut ging, setzte sich nur langsam durch. Immerhin, seit Mitte des 19. Jahrhunderts wurden die Stimmen lauter, die eine bessere Befeuerung dieses Küstenabschnitts forderten.

Erst nach dem deutsch-dänischen Krieg von 1864 kam das Projekt allmählich voran. Lange zog sich ein Streit zwischen dem Ministerium in Berlin, der preußischen Landesregierung in Schleswig, dem Nautischen Verein in Husum und weiteren Sachverständigen hin, ob eher ein Feuerschiff in der Hever oder ein Leuchtturm auf dem Seesand oder auf Amrum sinnvoll sei. Der geringe Schiffsverkehr nach Husum schien den kostenträchtigen Unterhalt eines Feuerschiffs nicht zu rechtfertigen. Andererseits glaubte man, dass ein Leuchtturm nicht früh genug vor den tückischen Außensänden warnt. Nach mehrjährigem Hin und Her entschloss man sich schließlich, sowohl ein Feuerschiff „Amrumbank" zu stationieren als auch einen „Leuchtthurm nebst Wärter-Etablissement" auf Amrum zu errichten.

1874 wurde mit dem Bau des Turms begonnen. Hierzu musste extra eine Lorenbahn von Steenodde aus, wo das Baumaterial per Schiff angeliefert wurde, durch die Dünenlandschaft gebaut werden. Ab dem 1. Januar 1875 zeigte der neue Leuchtturm sein Feuer.

Im Laufe der Zeit hat der Amrumer Leuchtturm viele Entwicklungen der Technik mitgemacht. Leuchtete anfangs eine fünfdochtige Petroleumlampe, später Petroleumglühlicht, erfolgte 1936 dann die Elektrifizierung des Feuers. Nur der riesige Fresnelsche Linsenapparat ist bis zum heutigen Tag unverändert in Funktion. Heute wird das Licht mit einer modernen Halogen-Metalldampflampe erzeugt. Der tonnenschwere Linsenapparat, bis 1952 von Gewichten angetrieben, funktioniert heute elektrisch. Das alte Uhrwerk im Sockel der Leuchte ist aber immer noch vorhanden.

Der Turm von Amrum entspricht mit seinem rot-weiß gestreiften Anstrich, den er übrigens erst seit 1952 trägt, ganz dem klassischen Bild eines Leuchtturms. Als Wahrzeichen Amrums überragt er, auf einer 26 Meter hohen Düne stehend, die Insel. Von Wittdün ist der Leuchtturm etwa 2,5 Kilometer entfernt.

Der Amrumer Leuchtturm kann in den Sommermonaten von der Öffentlichkeit bestiegen werden. Mit einer Höhe von 41 Metern ist er neben dem Pellwormer Leuchtturm der höchste an der schleswig-holsteinischen Nordseeküste.

Dank seiner erhöhten Lage auf den Dünen im Norden Amrums musste für das Leuchtfeuer Norddorf kein hoher Turm errichtet werden.

Neben dem großen Leuchtturm auf der Düne verfügt die Insel Amrum noch über mehrere kleinere Leuchtfeuer. Eines von ihnen ist das Leit- und Quermarkenfeuer Norddorf, das einsam in den Dünen südwestlich des gleichnamigen Ortes steht. Es verdankt seine Existenz der Aufnahme des Seebäderverkehrs nach Hörnum auf Sylt. Albert Ballin, Generaldirektor der Hamburger Reederei Hapag, hatte den regelmäßigen Liniendienst von Hamburg nach Sylt initiiert. Zur Ansteuerung von Hörnum wurde neben dem Leuchtfeuer auf Sylt auch im Norden Amrums ein Feuer eingerichtet, das als Quermarkenfeuer Abschnitte des westlich Amrums gelegenen Vortrapptiefs sowie als Leitfeuer die direkte Zufahrt nach Hörnum kennzeichnet.

Man verwendete hierfür einen vorgefertigten Eisenturm der Berliner Firma Julius Pintsch, ein „Standardmodell", wie es auch mehrfach auf den Inseln Alsen, Hiddensee und Rügen zur Aufstellung kam. Das Feuer in Norddorf zeigte erstmals am 4. Mai 1906 sein Licht.

Aufgrund der abgelegenen Lage des Leuchtfeuers versuchte man von Anfang an, hier eine automatisch arbeitende Lichtquelle zu installieren. Das gelang – wenn auch mit einigen Schwierigkeiten – durch Verwendung eines Blaugas-Glühlichts. Bereits Ende der 1930er-Jahre wurde der 8 Meter hohe Leuchtturm elektrifiziert. Man erreicht ihn nach einer längeren Dünenwanderung über einen Bohlenweg von der zwischen Nebel und Norddorf gelegenen Vogelkoje aus.

Die Leuchttürme von Hörnum und Pellworm sehen sich sehr ähnlich. Als Unterscheidungsmerkmal können die Bullaugen im Bereich der weißen „Bauchbinde" dienen: Hörnum hat nur eine Reihe, Pellworm derer zwei (rechte Seite).

Im Schifffahrtsmuseum von Husum befindet sich die Laterne des alten Unterfeuers von Hörnum. Sogar die alte Optik hat man wieder eingebaut (unten).

Im 19. Jahrhundert war die heute so beliebte Ferieninsel Sylt nur auf einem beschwerlichen und gefahrvollen Weg durch das Wattenmeer zu erreichen. Der einzige Hafen Munkmarsch lag im Osten der Insel zwar recht geschützt, um ihn anzusteuern, musste man jedoch die lange Reise um den Lister Ellenbogen herum und bei Hochwasser über das Watt in Kauf nehmen. Auf Betreiben des Generaldirektors der Hapag, Albert Ballin, wurde 1901 bei Hörnum an der Südspitze Sylts (der „Odde") eine Anlegebrücke für den Seebäderverkehr gebaut, von wo aus die Kurgäste mit der ebenfalls neu verlegten Inselbahn komfortabel nach Westerland gelangen konnten. Das ersparte den Fahrgästen einen erheblichen Umweg und somit kostbare Urlaubszeit. Natürlich sollte

Hörnum auch bei widrigen Bedingungen erreichbar sein – hierfür war ein neues Leuchtfeuer erforderlich.

In den Jahren 1906 bis 1908 entstanden an der schleswig-holsteinischen Westküste drei neue Leuchttürme in einheitlicher Bauweise: Hörnum, Pellworm und Westerheversand. Alle drei wurden aus vorgefertigten Eisengussteilen – sogenannten Tübbings – der Isselburger Hütte zusammengeschraubt. Hörnum ging als Erster am 8. August 1907 in Betrieb. Er ist mit einer Höhe von 34 Metern der Kleinste unter den Dreien, weil er aber auf einer 17 Meter hohen Düne steht, erreicht er die größte Feuerhöhe von ihnen. Rot gestrichen, mit einer weißen Bauchbinde, entspricht er ganz dem typischen Bild eines Leuchtturms und dürfte zu den meistfotografierten Objekten auf Sylt zählen. 2007 erschien bei der Deutschen Post eine Briefmarke mit dem Hörnumer Leuchtturm als Motiv.

Von Anfang an nahm der Hörnumer Leuchtturm zwei Funktionen wahr: Als weitreichendes Seefeuer ermöglichte er die Orientierung im Seegebiet um die Südspitze von Sylt herum, und als Oberfeuer einer Richtfeuerlinie bezeichnete er zusammen mit einem Unterfeuer die Ansteuerung Hörnums durch das Vortrapptief. Das Unterfeuer war ein Eisengestell mit aufgesetzter Laterne, das 1940 wegen Versandung durch einen kleinen Betonturm ersetzt wurde. Beide Unterfeuer stürzten im März 1979 in einem Orkan von der Klippe. Ein Drittes, 1980 weiter nördlich

errichtet, war nur bis 1995 in Betrieb. Seither dient der große Leuchtturm allein als Seefeuer. Die Laterne des ersten Unterfeuers kann im Freigelände des Schifffahrtsmuseums von Husum besichtigt werden.

In technischer Hinsicht birgt das Leuchtfeuer von Hörnum eine Besonderheit. Es ist eines der wenigen Spiegeldrehfeuer an der deutschen Küste. Zwei Parabolspiegel sind auf einer Drehvorrichtung angebracht und erzeugen so zwei Blitze alle neun Sekunden. Ein weiteres Paar von Spiegelscheinwerfern dient als Reserve.

Vor 100 Jahren war Hörnum noch nicht so ein großer Ferienort wie heute. Außer dem Leuchtturm und dem Bahnhof gab es kaum andere Gebäude. Aber die Kinder der wenigen Familien, die hier lebten, mussten zur Schule gehen. Daher gab es bis 1930 im 4. Stockwerk des Leuchtturms eine der wohl kleinsten Schulen Deutschlands – ein Kuriosum in der Geschichte des Seezeichenwesens. Anfangs wurde der Unterricht durch den Leuchtfeuerwärter erteilt, später dann durch einen „richtigen" Lehrer.

Nach wie vor überragt der Leuchtturm das beliebte Familienbad Hörnum. Im Sommer kann der Turm von Touristen bestiegen werden, und auch Heiraten kann man in diesem schönen, 100-jährigen Bauwerk. Das stillgelegte Unterfeuer, ein schlichter Stahlturm, steht in den Dünen südlich Hörnums und kann zu Fuß erreicht werden.

Das Wappen des Königs Frederik VII. erinnert am Leuchtturm von Kampen an die Zeit der dänischen Regentschaft (oben).

Auf der historischen Postkarte ist noch der ursprüngliche Kuppelhelm der Laterne zu erkennen (rechts).

Noch zu dänischer Zeit entstand nach einem Entwurf des Architekten Niels Sigfred Nebelong (1806–1871) 1855 auf dem Roten Kliff ein 40 Meter hoher Turm aus Bornholmer Gelbklinker, dessen Fundament aus vier Lagen Findlingen besteht. Den Turm krönte eine Laterne mit einem Kuppeldach, das heute leider nicht mehr erhalten ist. Die Optik ist eine riesige, 2,60 Meter hohe Gürtellinse, die vor der Installation auf der Pariser Weltausstellung gezeigt wurde. Als Lichtquelle diente zunächst eine mit Rüböl, später mit Petroleum betriebene Dochtlampe. Am 1. März 1856 ging das neue Leuchtfeuer unter dem Namen „Rothe Kliff" in Betrieb.

Schon 1875 musste der Turm mit sieben eisernen Bändern um den Schaft gesichert werden, weil es dem Mauerwerk an Stabilität fehlte. 95 Jahre später erhielt er zusätzlich eine Verkleidung mit einer Spritzbetonschale, die allerdings recht unauffällig ist. Seit 1953 präsentiert sich das Bauwerk weiß gestrichen mit einem schwarzen Band in der Mitte, nachdem sich zuvor Kapitäne über die schlechte Erkennbarkeit des grauen Turmes bei diesigem Wetter beklagt hatten. Abgesehen von seiner Funktion als weitreichendes Seefeuer warnt der seit 1929 elektrifizierte Leuchtturm mit einem roten Warnsektor vor dem gefährlichen, nordwestlich von Sylt gelegenen Salzsand. Von 1913 bis 1975 nahm diese Aufgabe ein kleiner roter Backsteinturm wahr – „Rote Kliff Quermarkenfeuer" genannt –, der in den Dünen dicht an der Kliffkante

steht. Seit dessen Außerdienststellung wird der Warnsektor wieder vom großen Leuchtturm aus gezeigt, den man gleichzeitig von „Rote Kliff" in „Kampen" umbenannte. Umgeben wird der Turm von einem Leuchtfeuergehöft, in dem früher die Wärter wohnten und das heute als Ferienquartier für die Beschäftigten der Wasser- und Schifffahrtsverwaltung dient. Seit 1974 steht das gesamte Ensemble unter Denkmalschutz. Heute wird das Leuchtfeuer, wie auch alle anderen an der schleswig-holsteinischen Nordseeküste, vom Wasser- und Schifffahrtsamt Tönning fernüberwacht. Als Lichtquelle dient eine 400 Watt starke Halogen-Metalldampflampe, die Kennung erzeugt eine rotierende Umlaufblende.

INSEL SYLT

QUERMARKENFEUER ROTE KLIFF

Nicht mehr in Betrieb ist der – vom Unterfeuer Hörnum abgesehen – jüngste Leuchtturm auf Sylt. Das Quermarkenfeuer Rote Kliff markierte zwischen 1913 und 1975 die Ansteuerung des Lister Tiefs und warnte vor dem gefährlichen Salzsand. Das kleine Türmchen weist eine bauliche Besonderheit auf, die von außen nicht so leicht zu erkennen ist: Es handelt sich um den ersten Betonleuchtturm in Deutschland. Zu sehen ist davon freilich nicht viel, denn der Betonschaft wurde von Anfang an hinter einer achteckigen Verblendung aus Ziegelsteinen verborgen. Glücklicherweise blieb das 12 Meter hohe Quermarkenfeuer erhalten und gelangte in die Obhut der Gemeinde Kampen. Auch wenn er nicht mehr selbst leuchtet, bietet der nördlich der „Sturmhaube" mitten in den Dünen gelegene kleine Leuchtturm bei Dunkelheit einen schönen Anblick, denn er wird nachts effektvoll angestrahlt.

Der kleine Leuchtturm List-West ist in zweierlei Hinsicht ein Rekordhalter: Er ist das nördlichste Bauwerk Deutschlands, und er ist zusammen mit seinem „Bruder" List-Ost der älteste aus Eisen gebaute deutsche Leuchtturm.

Der nördlichste Teil der Insel Sylt, der sogenannte Ellenbogen, ist eine lang gestreckte Halbinsel, die die flache Wattenbucht Königshafen umschließt. Der unter Naturschutz stehende Ellenbogen befindet sich seit Generationen in Privatbesitz, ist jedoch öffentlich zugänglich und darf über eine mautpflichtige Straße sogar befahren werden.

Im Westteil wird der nördlichste Punkt Deutschlands erreicht, und fast genau dort steht das Leuchtfeuer List-West. Der Turm wurde im Jahre 1857 erbaut und weist seither der Schifffahrt den Weg um den Ellenbogen herum nach List. Dieses Fahrwasser hatte vor dem Bau des Hindenburgdamms noch eine größere Bedeutung, als der bedeutendste Hafen Sylts Munkmarsch an der Ostseite der Insel war. Aber auch heute ist das Feuer List-West wichtig, denn es kennzeichnet mit einem Leitsektor das Rømø Dyb, das von den zwischen der Insel Römö und List verkehrenden Fähren benutzt wird. Der 11 Meter hohe Leuchtturm liegt unweit der auf den Ellenbogen führenden Straße und kann gut zu Fuß erreicht werden.

Genauso alt wie sein „kleiner Bruder" ist der Leuchtturm List-Ost, der sich von Ersterem leicht durch die rote Bauchbinde unterscheidet. Außerdem ist der Turm List-Ost mit 13 Metern etwas höher als List-West.

Seine nautische Bedeutung liegt vor allem in der Kennzeichnung des nach dem dänischen Hoyer führenden Fahrwassers. Von diesem Hafen aus ging vor dem Bau des Hindenburgdamms ein großer Teil des Fährverkehrs nach Sylt. Die Ansteuerung des Hafens von List erfolgt hingegen über das Feuer List-Land, einem einfachen Stahlmast auf der Hafenmole.

Der Leuchtturm List-Ost ist anders als List-West nicht unmittelbar erreichbar, denn die Düne, auf der er steht, darf aus Küstenschutzgründen nicht betreten werden. Das Meer nagt an dieser Stelle sehr am Ellenbogen, und vor einigen Jahren schien es noch so, als sei der Absturz von List-Ost nicht mehr zu verhindern. Inzwischen hat sich die Situation aber wieder etwas stabilisiert.

GLOSSAR

Blüse – Holzgerüst, auf dem ein offenes Leuchtfeuer in einer Metallpfanne brennt. Gelegentlich auch mit einem Steinsockel ausgeführt.

Festfeuer – Leuchtfeuer, das ein ununterbrochenes Licht zeigt.

Fresnel-Linse – Lichtbündelnde Optik, deren Glas aus ringförmigen, stufenartigen Bereichen besteht („Stufenlinse"). Bei der Gürtellinse lenken die die Lichtquelle waagerecht umgebenden Glasprismen das Licht in die Horizontebene. Beim anderen Typ, der Scheinwerferlinse, wird das Licht in eine bestimmte Richtung gebündelt.

Gürtellinse – siehe Fresnel-Linse

Kennung – alle Eigenschaften eines Feuers, die es nachts identifizierbar machen – seine Farbe, der Rhythmus seiner Lichterscheinung (Taktung) und die Wiederkehr (Periode).

Kohlenblüse – siehe Blüse

Leitfeuer – Leuchtfeuer, das in einer bestimmten Richtung (Leitsektor) einen befahrbaren Bereich markiert und in den angrenzenden Richtungen (Warnsektoren) zur Warnung andere Kennungen zeigt.

Nenntragweite – Entfernung, in der ein Feuer bei festgelegten atmosphärischen Bedingungen noch zu sehen ist, bevor es zu schwach erscheint.

Oberfeuer – siehe Richtfeuer

Otterblenden – senkrechte Lamellen, die durch Öffnen und Schließen den Lichtstrahl unterbrechen und dadurch eine Taktung erzeugen (siehe Kennung).

Quermarke, Quermarkenfeuer – Leuchtfeuer, das seitlich auf ein Fahrwasser scheint, um zum Beispiel auf einen Kurswechselpunkt aufmerksam zu machen.

Richtfeuer – eine Gruppe von meist zwei Leuchtfeuern, die in bestimmter relativer Position zueinander stehen. In der Regel muss vom Schiff aus ein näheres Unterfeuer genau vor einem weiter entfernten, höheren Oberfeuer erscheinen, wenn man in der Mitte des Fahrwassers ist.

Scheinwerferlinse – siehe Fresnel-Linse

Seemeile – eine Seemeile beträgt 1852 Meter

Sektorenfeuer – Leuchtfeuer, das in verschiedenen Richtungen (Sektoren) unterschiedliche Kennungen zeigt.

Taktung – siehe Kennung

Tragweite – die Entfernung, in der ein Feuer noch zu sehen ist, bevor es wetterbedingt zu schwach erscheint.

Unterfeuer – siehe Richtfeuer

LITERATUR

W. Beeneken: Rund um den alten Leuchtturm, Borkum, 1987

E. Delfs: Feuer an deutschen Küsten, Hamburg 1993

R. Scheiblich: Sterne unter den Wolken, Hamburg 2003

R. Scheiblich: Leuchttürme, Hamburg 2006

R. Scheiblich, H.-H. Staack: Leuchttürme Lexikon, Hamburg 2002

G. Schiwy, Radar auf dem Leuchtturm Hohe Weg, in: Zwischen Weser und Ems, Wasser- und Schifffahrtsdirektion Nordwest, Heft 40 2006, Thema 13

R. Seedorf, 150 Jahre Leuchtturm Hohe Weg, in: Zwischen Weser und Ems, Wasser- und Schifffahrtsdirektion Nordwest, Heft 40 2006, Thema 11

S. Stölting (Hrsg.): Leuchtturm Roter Sand, Bremerhaven 2005

H. Tekaat: Kathedralen am Meer, Hamburg 2007

B. Toussaint, F. Toussaint und M. Hünsch: Deutsche Leuchtfeuer, Hamburg 2005

G. Wiedemann, J. Braun, J. Haase: Das Deutsche Seezeichenwesen 1850–1990, Hamburg 1998

F.-K. Zemke: Deutsche Leuchttürme einst und jetzt, Hamburg 2000

DANKSAGUNG

Die Autoren danken Johannes Braun und Hans-Helge Staack für die kritische Durchsicht des Manuskripts.
Die Reproduktionen alter Postkarten entstammen der Sammlung Klaus Hülse, die historischen Fotos der Sammlung Horst Tekaat / Archiv Interessengemeinschaft Seezeichen e.V. Die übrigen Fotos sind von den Autoren.

REGISTER

List-West
List-Ost

Rote Kliff
Kampen

Sylt

Hörnum

Föhr
Dage-
büll

Norddorf
Olhörn
Oland

Amrum
Nord-
marsch

Amrum

Pellw

Pellworm
U-F.

Westerheversand

St. P
Ord

St. Peter

N O R D S E E

Helgoland
Helgoland Düne, O-F.

Helgoland

Deutsche Bucht

Neuwerk

Alte Weser
Neuwerk

Duhnen

Roter
Sand
Tegeler
Plate

Wangerooge,
Seefeuer
Eversand, U-F.

Wangerooge,
Alter Lt.
Meyers Legde, neuer Tu

Wangerooge

Obereversa
Dorum

Baltrum
Langeoog

Wangerooge,
Westturm
Mellum-
plate
Meyers Legde, alte

Norderney
Spieker-
oog
Robbenplate, O-F.

Juist
Norderney

Schillig, U-F.
Hohe
Weg

Wremen

Borkum,
Großer Lt.
Juist
Wremertief
Bremerhaven

Norden
Vosslapp, O-F.
Tossens, O-F.
Bremerh

Borkum, alter Lt.
Wilhelms-
haven
Geeste

Borkum
Fischerbalje
Wittmund
Kaiser-
schleuse Ost
Geeste S

Borkum, Düne
Jever

Borkum,
Kleiner Lt.
Pilsum
Eckwarden,
O-F.
Bre

Greetsiel
Marinemole
Nordenham

Campen
Campen
Aurich
Arn-
gast

Emden, alte Laterne
Jadebusen
Varel

Emden
Westmole
Emden
Weser

NIEDERSACHSEN
Brake

Delfzijl

Niederlande
Dollart
Ems
Leer